최강 여왕
클레오파트라

CLEOPATRA AND HER ANGRY ASP
Text ⓒ Margaret Simpson, 2000
Illustrations ⓒ Philip Reeve, 2000
All rights reserved.
Korean translation copyright ⓒ 2011 by Gimm-Young Publishers, Inc.
Korean translation rights arranged with Scholastic Ltd through EYA
(Eric Yang Agency)

이 책의 한국어판 저작권은 에릭양 에이전시를 통해 Scholastic Ltd와 독점 계약한
(주)김영사에 있습니다. 저작권법에 의하여 한국 내에서 보호를 받는 저작물이므로
무단 전재와 복제를 금합니다.

앗, 이렇게 재미있는 사회·역사가!

최강 여왕
클레오파트라

마거릿 심슨 글 | 필립 리브 그림 | 위문숙 옮김

주니어김영사

최강 여왕 클레오파트라

1판 1쇄 인쇄 | 2011. 6. 30.
개정 1판 1쇄 발행 | 2019. 12. 5.
개정 1판 3쇄 발행 | 2023. 2. 27.

마거릿 심슨 글 | 필립 리브 그림 | 위문숙 옮김

발행처 김영사 | 발행인 고세규
등록번호 제 406-2003-036호 | 등록일자 1979. 5. 17.
주소 경기도 파주시 문발로 197(우10881)
전화 마케팅부 031-955-3100 | 편집부 031-955-3113~20 | 팩스 031-955-3111

값은 표지에 있습니다.
ISBN 978-89-349-9861-7 74080
ISBN 978-89-349-9797-9 (세트)

좋은 독자가 좋은 책을 만듭니다. 김영사는 독자 여러분의 의견에 항상 귀 기울이고 있습니다.
전자우편 book@gimmyoung.com | 홈페이지 www.gimmyoungjr.com

이 도서의 국립중앙도서관 출판시도서목록(CIP)은 서지정보유통지원시스템
홈페이지(http://seoji.nl.go.kr)와 국가자료공동목록시스템(http://www.nl.go.kr/kolisnet)에서
이용하실 수 있습니다. (CIP제어번호 : CIP2019031440)

어린이제품 안전특별법에 의한 표시사항
제품명 도서 제조년월일 2023년 2월 27일 제조사명 김영사 주소 10881 경기도 파주시 문발로 197
전화번호 031-955-3100 제조국명 대한민국 ⚠주의 책 모서리에 찍히거나 책장에 베이지 않게 조심하세요.

차례

책머리에	7
조상 따져 보기	10
가족 만나기	21
흉작과 막강한 이웃	34
클레오파트라 여왕	54
카이사르와 클레오파트라	78
클레오파트라와 로마	97
나 홀로 집에서	112
안토니우스와 클레오파트라	125
안토니우스가 전쟁에 나서다	147
안토니우스와 클레오파트라가 로마에 맞서다	168
클레오파트라가 죽은 뒤에	199

책머리에

 이집트의 마지막 여왕은 그 이름도 유명한 클레오파트라였다. 그녀가 죽은 지 2000년이 훌쩍 지났지만 그녀를 모르는 사람은 없다. 하기야 로마 시대부터 너나 할 것 없이 클레오파트라를 두고 이러쿵저러쿵 말이 많았으니 그럴 만도 하다.

어림없는 소리! 사실 클레오파트라는 빼어난 외모를 가진 것이 아니라 몽땅하고 통통했다. 하지만 혀를 내두를 만큼 뛰어난 능력의 소유자였다. 9개국어를 술술 할 수 있었을 뿐 아니라 책도 척척 써 내고, 이집트를 부자 나라로 만들었다. 무엇보다 그녀의 가족 중에서 유일하게 클레오파트라만 끝까지 살아남았다. 클레오파트라 가족들은 권력을 차지하기 위해 서로 죽고 죽이기 일쑤였는데도 말이다!

클레오파트라는 고작 19세에 왕위에 올랐다. 그 후 21년 동안 나라를 다스렸고 신중하게 고른 두 남자 친구의 도움도 받았다. 바로 최강남(최고로 강력한 로마 남자)인 율리우스 카이사르와 마르쿠스 안토니우스였다. 그러나 클레오파트라가 진정 사랑한 연인은 자신의 조국 이집트였다. 용감무쌍하고 총명하고 무자비한 통치자인데다 부유하고 요염했던 클레오파트라에 대해 이제부터 알아보자.

마지막 순간, 클레오파트라의 곁에는 그녀를 지켜 줄 최강남이 없었다. 클레오파트라는 로마의 포로가 되느니 죽는 편을 택했다. 그래서 가장 좋은 옷과 왕관으로 치장한 뒤에 스스로 목숨을 끊었다.

자, 그럼 지금부터 〈코브라 상식〉을 통해 이집트의 엉뚱하고 희한한 문화를 살펴보고, 〈로마군단 신문〉에 실린 로마 인의 생각도 들여다보자. 이집트 인들의 담벼락 낙서와 클레오파트라의 비밀 일기도 놓칠 수 없다. 총명한 클레오파트라와 그녀의 이집트 코브라에 대해 샅샅이 알아보는 거야.

코브라 상식

도대체 이집트 코브라가 뭐지?
이집트 코브라는 북아프리카산의 작은 독사이다. 이집트 신이나 왕의 머리에 두른 왕관을 보면 황금 코브라가 고개를 꼿꼿이 세우고 있다. 클레오파트라 역시 공식적인 큰 행사에서는 코브라 왕관을 반드시 썼다.

왜 코브라여야 하는 걸까?
확실한 이유는 밝혀지지 않았다. 그런데 고대 이집트 왕들은 온갖 신통력을 가졌다고 믿었다. 그중에는 뱀을 길들이고 구슬리는 능력도 포함되었다. 따라서 코브라가 달린 왕관은 뱀조차도 왕의 편이라는 것을 적에게 알리는 수단이었다. 오싹하지?

조상 따져 보기

클레오파트라는 이집트의 여왕이지만 엄밀히 따져 보면 이집트 인이 아니다. 클레오파트라의 성은 프톨레마이오스이다. 프톨레마이오스 가문은 오늘날 그리스의 한 지역인 마케도니아 출신이었다. 사실 클레오파트라 집안은 이집트에서 대대로 300년 동안 살았지만 다른 이집트 인들에 비하면 보잘 것 없었다. 한마디로 신출내기나 다름없다는 뜻이다.

이집트는 클레오파트라가 태어나기 수천 년 전부터 위대한 문명을 이루었다. 이집트 파라오나 왕들이 웅장하고 신비로운 신전과 피라미드를 지은 시기는 기원전 3000년까지 거슬러 올라간다. 그들의 생활은 넉넉했다. 이집트는 가장 부유한 나라이자 거대한 제국의 중심이었던 것이다.

하지만 기원전 1000년 즈음부터 이집트의 파라오는 나약해졌다. 그 결과 아시리아와 파르티아가 차례로 이집트를 정복했다. 기원전 330년경에는 거대한 문명이 세계를 휩쓸었으니 그리스 인들이 그 주인공이었다.

그리스 인들을 이끌던 인물은 역사상 가장 유명한 장군인 알렉산더 대왕이었다. 알렉산더 대왕은 싸움과 정복에 푹 빠져 있었다. 그 밖에는 관심이 없었다. 알렉산더 대왕에게 이집트는 여러 정복지 중 하나에 불과했지만 따지고 보면 이집트야말로 가장 훌륭한 전리품이었다. 이집트 왕은 비록 허약했지만 나라만은 부유했다.

그리스 정복자들은 앞다투어 제 몫을 챙겼다. 고대 이집트 인들의 종교에도 슬그머니 눈길을 돌렸다. 특히 왕을 신격화하는 이집트 사상에 마음을 뺏겼다.

이집트의 신과 여신들

이집트 인들은 수백 명의 신과 여신을 섬겼다. 그중에서도 다음에 나오는 네 명의 신을 가장 중요하게 여겼다.

라는 태양신이자 신들의 아버지인 동시에 모든 파라오의 아버지였다. 인간의 몸에 매의 머리를 가졌으며, 머리 위에는 태양이 얹어져 있었다. 태양을 감싸고 있는 코브라는 불길을 뿜어 적들을 공격했다. 전설에 따르면 라는 아침마다 어린아이로 태어났다 밤이 되면 노인이 되어 죽었다.

오시리스와 **이시스**는 쌍둥이로 하늘과 대지의 아들딸이었다. 그들은 태어나기 전부터 서로를 사랑했으며 성장한 후에는 결혼했다. 오시리스는 무척 착했지만 그의 동생인 세트는 악의 신이었다. 세트는 오시리스를 너무나 증오한 나머지 그를 죽인

것도 모자라 갈기갈기 찢어 내던져 버렸다. 그래서 오시리스는 죽음의 신으로도 알려져 있다. 오시리스는 미라처럼 온몸을 붕대로 감싼 채 하얀 왕관을 쓰고 지팡이와 도리깨를 들고 있다.

최고의 여신인 이시스는 오시리스가 살해당하자 비탄에 빠졌다. 이시스는 치료의 신인 토트의 도움으로 오시리스의 시신을 찾아내어 다시 붙였다. 이시스는 엄청난 능력을 가졌기 때문에 죽은 남편과의 사이에서 아기까지 낳았다. 이시스는 뿔과 태양을 머리에 얹고 있으며 아름다운 예복을 갖춰 입고 있다. 이집트에서는 해마다 성대한 축제를 열어 수확의 여신인 이시스를 기렸다. 클레오파트라는 이시스처럼 차려입기를 무척 좋아했다고 한다.

호루스는 이시스의 아들로 다시 태어난 오시리스라고도 불

렸다. 호루스 역시 매의 머리를 가졌으며, 어머니인 이시스와 함께 나라를 다스렸다. 사람들이 그를 하늘의 위대한 신인 대 호루스와 혼동하다 보니 호루스는 더 강력한 존재로 떠올랐다.

이름 없는 왕들

고대 이집트 인들은 왕을 신의 아들딸이라고 믿었다. 그러나 몇몇 사람들이 이를 의심하고 왕은 그저 평범한 보통 사람이라고 생각했다. 그래서 이 문제를 해결하고자, 왕은 특별한 존재로 왕관과 예복을 갖춰 입으면 호루스의 영혼이 깃든다고 주장했다. 왕이 격식대로 차려입는 순간, 왕은 인간의 몸을 빌린 신이 된다는 것이었다. 또한 왕은 신성한 존재이므로 이름 대신 '파라오'라고 불렀는데, 파라오는 '왕실의 집'이라는 뜻이다. 요즘으로 치면 대통령의 청와대쯤 되는 셈이다. 또 파라오와 함께 나라를 다스리는 왕비는 이시스 여신이라고 믿었다. 왕비의 자리에는 주로 왕의 누이가 올랐다.

알렉산더 대왕

이집트를 정복한 알렉산더 대왕은 태양신인 라의 신탁*을 받으러 신탁 신전으로 갔다. 신탁 신전은 주로 사원이나 동굴에 있었으며 신의 소리와 대답을 들을 수 있는 신성한 곳이었다. 알렉산더가 찾아간 곳은 사막의 오아시스 도시인 시와였다.

* 신탁: 신이 사람을 매개자로 하여 그의 뜻을 전하는 것을 뜻한다.

알렉산더가 신탁 신전에 찾아가자 그리스와 이집트 사람들은 분노하기 시작했다. 신전을 방문하는 것은 오늘날에 점쟁이를 찾아가는 행동과 별반 다르지 않은 것으로 경망스럽다고 생각했기 때문이다. 신전에서 신의 소리는 사제의 목소리를 통해 들을 수 있었다.

알렉산더 대왕은 스스로 이집트의 왕이라고 선포했다. 이를 기념하는 뜻으로 나일 강 입구에 알렉산드리아라는 새 도시를 건설했다. 뭐 그리 새삼스러울 것도 없었다. 알렉산더 대왕은 정복한 나라마다 알렉산드리아라는 도시를 만들었으니까. 그는 겸손 따위는 모르는 인물이었다. 그가 죽을 무렵에는 70여 개의 도시가 알렉산드리아로 불렸다.

그중에서도 이집트의 알렉산드리아가 가장 유명했다. 안타깝게도 알렉산더 대왕은 그 도시를 보지 못한 채 눈을 감았다. 알렉산드리아가 완성될 무렵에 그만 세상을 떠났기 때문이다. 이집트의 알렉산드리아는 호화찬란한 도시였다. 도로는 널찍널찍했고 건물들은 웅장했다. 클레오파트라는 바로 이곳에서

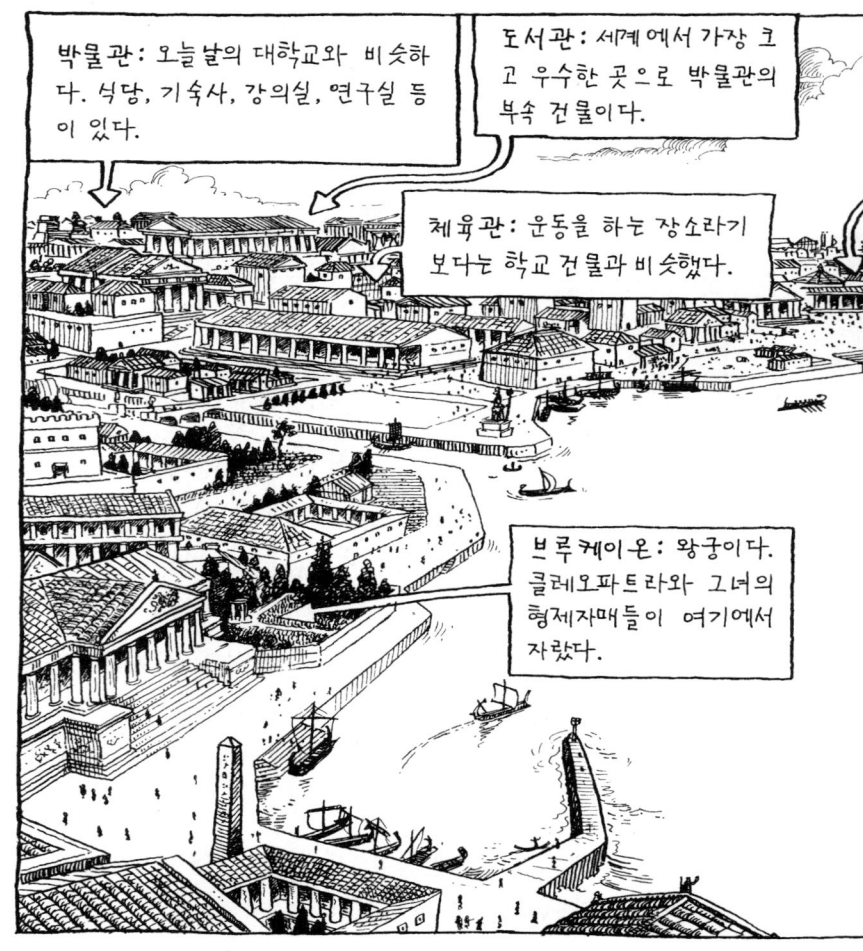

자랐는데 알렉산더 대왕이 죽고 난 지 200년이 흐른 뒤였다. 그 당시 알렉산드리아는 세계 곳곳에서 온 수십 만 명의 삶의 터전이었다. 활기찬 항구는 눈코 뜰 새 없이 바빴고, 거리에는 상점과 상인들이 넘쳐났다. 이렇게 사람들이 몰리다 보니 오락거리가 넘쳤고 범죄도 늘어났다.

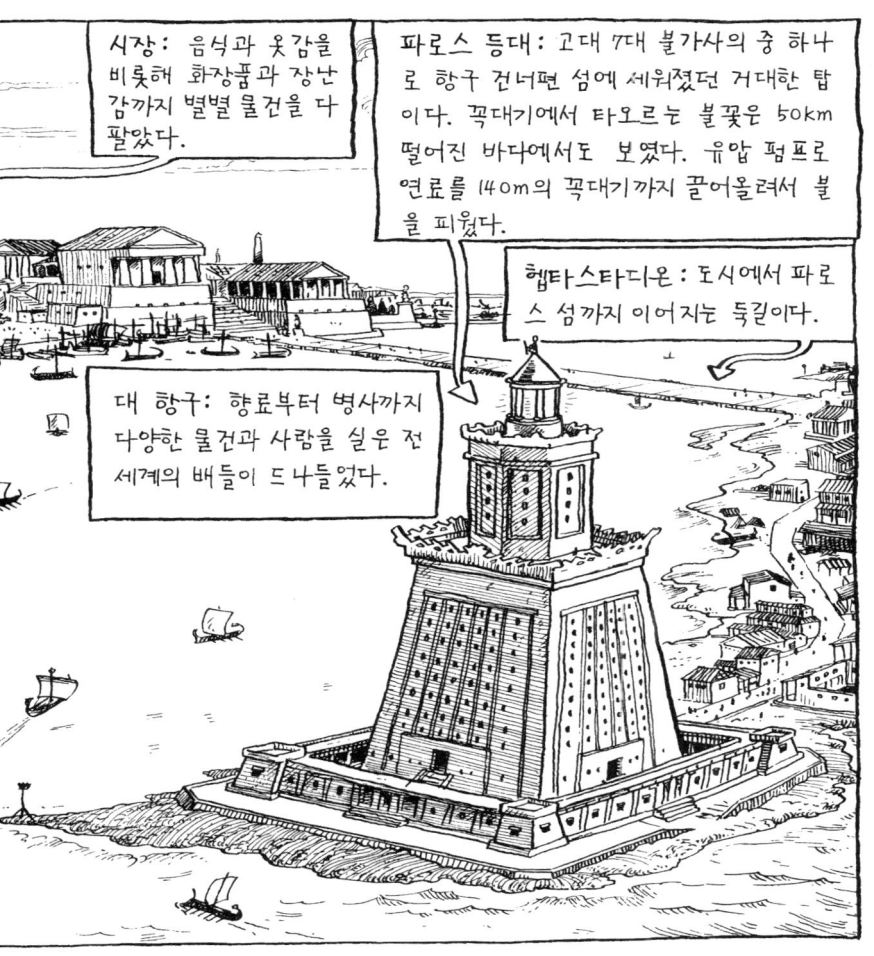

시장: 음식과 옷감을 비롯해 화장품과 장난감까지 별별 물건을 다 팔았다.

파로스 등대: 고대 7대 불가사의 중 하나로 항구 건너편 섬에 세워졌던 거대한 탑이다. 꼭대기에서 타오르는 불꽃은 50km 떨어진 바다에서도 보였다. 유압 펌프로 연료를 140m의 꼭대기까지 끌어올려서 불을 피웠다.

헵타스타디온: 도시에서 파로스 섬까지 이어지는 둑길이다.

대 항구: 향료부터 병사까지 다양한 물건과 사람을 실은 전 세계의 배들이 드나들었다.

알렉산더 대왕이 죽고 난 후 무슨 일이 벌어졌을까?

알렉산더 대왕은 고작 33세에 숨을 거두었다. 그는 발길이 닿는 곳이라면 모조리 정복했다. 매년 병사들을 이끌고 몇 달씩 원정과 전투를 거듭했으며, 아무리 혹독한 상황에서도 물러서지 않았다. 심지어 부하들을 이끌고 히말라야 산맥을 넘어서 인도까지 갔다! 어쩌면 그는 지칠 대로 지쳐서 죽었는지도 모른다.

알렉산더 대왕이 죽자, 장군들은 알렉산더의 거대한 제국을 조금이라도 더 차지하려고 다투기 바빴다. 마침내 마케도니아의 프톨레마이오스 장군이 가까스로 이집트를 차지했다.

프톨레마이오스 장군과 그의 추종자들은 이집트 어를 굳이 배우려 들지 않았다. 하지만 알렉산더 대왕과 마찬가지로, 왕을 신격화하는 것만큼은 재빠르게 받아들였다. 그렇게 신격화된 왕은 많은 비밀을 보장해 줄 신격화된 왕비가 필요했는데, 그럴 만한 여자는 가족밖에 없었다. 그래서 프톨레마이오스 가문의 남자들은 예전 파라오처럼 누이들과 결혼했다.

그리스 친지들은 이와 같은 소식에 입을 다물지 못했다. 소타데스는 누이와 결혼한 프톨레마이오스 2세를 파렴치한이라고 비난했다. 소타데스에게 화가 난 프톨레마이오스 2세는 그를 나무 상자에 넣어 바다에 던져 버렸다.

남매끼리 결혼한 프톨레마이오스 가문 사람들은 아들딸의 이름을 각각 프톨레마이오스와 클레오파트라로 지었다. 따라서 몇 년에 한 번씩 프톨레마이오스와 클레오파트라가 결혼하여 아기 프톨레마이오스 혹은 아기 클레오파트라가 태어났다.

만인의 관심을 받는 클레오파트라 역시 언니 중에 클레오파트라가 있었고 남동생 둘이 프톨레마이오스였다. 그나마 다른 언니와 여동생이 클레오파트라가 아닌 것이 다행이었다.

가족 안에서 살아남기

프톨레마이오스가 자기 누이 혹은 계모나 양녀와 결혼했던 이유는 위협받지 않고 편히 살기 위해서였다.

그러나 현실은 전혀 달랐다. 가족이야말로 가장 위험한 존재들이었다. 오빠와 누이 또는 엄마와 아들 아니면 아버지와 딸이 함께 나라를 다스리다가 어느 순간 홱 등을 돌려 버렸다. 언제나 어김없이 그랬다. 싸움은 십중팔구 살인으로 끝났다! 프톨레마이오스 가문은 서로 죽이기를 밥 먹듯 했고, 우리의 클레오파트라 역시 예외는 아니었다.

원래 프톨레마이오스 가문은 철두철미한 것으로 유명했다. 굳건한 군인 정신으로 이집트 인들을 쥐락펴락했다. 그러나 이집트에서 하루 이틀 지내다 보니 점점 나태해지고 피둥피둥 살만 쪘다. 후대의 프톨레마이오스 8세는 얼마나 뚱뚱했던지 걸을 때면 두 명의 시종이 양옆에서 부축해야만 했다.

기원전 80년에 또 다른 프톨레마이오스인 프톨레마이오스 11세의 아내가 수상쩍은 죽음을 맞이했다. 사실 그녀는 그의 계모였다. 알렉산드리아 시민들은 프톨레마이오스 11세가 아내를 죽였다고 단정했다. 그들은 원래 프톨레마이오스 11세를 싫어했기 때문에 이 일을 빌미삼아 그를 처형해 버렸다. 그런데 문제는 프톨레마이오스 11세에게 자식이 없다는 것이었다. 알렉산드리아 시민들은 다른 프톨레마이오스의 아들을 선택했다. 그에게 프톨레마이오스 12세라는 이름이 붙여지고 결혼식을 거행했다. 누구랑? 자기 누이인 클레오파트라랑!

가족 만나기

새로운 프톨레마이오스와 그의 누이인 클레오파트라가 그 유명한 우리 클레오파트라의 어머니와 아버지였다. 다른 프톨레마이오스처럼 클레오파트라의 아버지도 스스로 별명을 지었는데, 바로 '디오니소스'였다.

포악한 괴짜 포도주 신

디오니소스는 여성과 노래를 다스리는 그리스 포도주 신이다. 클레오파트라의 아버지 역시 음악에 관심이 많았다. 그의 다른 별명이 아울레테스, 즉 플루트 연주자였던 것만 봐도 알 수 있다. 또한 허구한 날 술독에 빠져있는 데다 잔인무도한 짓으로 유명했으니 디오니소스야 말로 딱 어울리는 이름이었다.

프톨레마이오스들이 자기 자신을 뭐라고 부르든, 알렉산드리아 시민들은 신을 들먹이는 그들에게 코웃음만 쳤다. 시민들은 클레오파트라의 아버지가 어떤 인물인지 똑똑히 알고 있었다. 그들은 클레오파트라의 아버지를 사생아라고 불렀다. 다시 말해서 어머니 아버지가 정식으로 결혼한 사이가 아니라는 뜻이다.

클레오파트라의 엄마에 관해서는 알려진 것이 별로 없다. 클레오파트라가 태어날 무렵에 죽었다는 사실밖에. 쥐도 새도 모르게 살해되었거나 출산 중에 사망했던 것 같다. 클레오파트라의 아버지는 재혼하지 않았으나 그 후로 자식을 세 명이나 낳았다.

클레오파트라 테아: 셋째 딸이며 우리의 클레오파트라다. 언니들끼리 서로 멱살잡이할 때에 클레오파트라는 조용히 고개 숙인 채 책만 봤다.

프톨레마이오스: 다섯 번째 자식이며 장남이다. 왕비로 정해진 누나와 결혼할 운명이다. 나이가 엄마뻘인 트리파에나 누나와 결혼해야 해도 어쩔 수 없다.

꼬맹이 프톨레마이오스: 집안의 막내.

권력을 놓고 다투던 언니들이 모두 저 세상으로 떠나자 클레오파트라가 여왕이 되었다. 따라서 그들의 어린 시절이 어땠을지는 불을 보듯 훤하다.

나 홀로 수업

유아기가 지나도 클레오파트라와 형제자매들은 학교에 갈 필요가 없었다. 그들은 대단히 귀하신 몸이었기 때문에 가정교사들이 알렉산드리아 왕궁으로 들어와서 클레오파트라와 형제자매들을 가르쳤다.

알렉산드리아 박물관은 왕궁과 맞닿아 있었다. 프톨레마이오스 시대의 내로라하는 지식인들은 모두 박물관으로 모여들었다. 그리스 어에서 유래한 뮤지엄(Museum), 즉 박물관은 '뮤즈의 집'이라는 뜻인데 뮤즈는 예술과 학습을 담당하는 여신이었다. 비상한 두뇌를 뽐내며 알렉산드리아를 방문한 철학자와 수학자, 천문학자들은 자연스럽게 박물관으로 발길을 옮겼으며, 그들 중 몇몇은 왕궁에 초대받아 어린 공주들과 왕자들을 가르쳤다.

클레오파트라가 성적표를 받지는 않았겠지만 만약 성적표를 받았다면 다음과 같았을 것이다. 만약 이 성적표가 여러분의 비위를 거스른다고 해도 너무 화내지 말길! 그 교사들은 어떻게든 클레오파트라의 아버지에게 잘 보여야 했을 테니까.

성적표
클레오파트라 테아(7세)

그리스 어	더할 나위 없이 총명합니다. 클레오파트라 테아는 읽고 쓰기가 대단히 뛰어납니다.
라틴 어	최고!
아랍 어	깜찍한 공주의 놀라운 재능을 어디에 견줄 수 있을까요?
히브리 어	고귀한 왕이시여, 대단히 총명한 신동을 자녀로 두셨습니다. 폐하가 워낙 훌륭하시기 때문에 이런 자녀가 태어났겠지요?
페니키아 어	말로 표현 못할 정도입니다! 공주마마께서는 벌써 페니키아 어를 술술 말씀하십니다.
수학	십 점 만점에 십 점. 어린 공주께서는 이자율 계산에 탁월한 재능을 보이십니다.
과학	클레오파트라 테아는 프톨레마이오스 가문의 보석이십니다. 어마어마한 지능! 어마어마한 창의력! 천문학에 대한 어마어마한 이해력! 기하학에 대한 어마어마한 관심!
연극	훌륭함. 클레오파트라는 타고나셨습니다. 단연 두드러진 재능을 보이십니다. 진정한 공주님이십니다.

교사들이 클레오파트라의 아버지인 왕을 만족시키려고 약간 과장했을지 모르지만 한 가지는 확실하다. 클레오파트라는 호기심이 넘치는 척척박사였으리라. 성장한 뒤에는 도량형, 산부인과, 화학과 마법이 뒤섞인 연금술, 화장술에 관한 책을 썼다고 전해진다. 게다가 별별 언어를 술술 말했다.

사실 클레오파트라의 가족은 총명한 편이었다. 프톨레마이오스 가문의 통치자들은 잔인하고 무능한 면도 있었지만 예술과 음악과 학문만은 무척 사랑했다. 그들은 여러 유용한 서적들을 그리스 아테네로부터 배로 싣고 왔고 그 결과, 클레오파트라 시대의 알렉산드리아 도서관은 두루마리와 파피루스 형태의 서적을 50만 권 이상 소장하게 되었다.

코브라 상식

파피루스? 도대체 그게 뭘까?

1. 파피루스는 나일 강에서 자라는 여러해살이풀이다. 줄기가 굵으며 위쪽이 무성하다.

2. 파피루스의 줄기를 길게 자른다.

3. 길게 자른 줄기들을 나란히 늘어놓는다.

4. 다른 줄기들을 그 위에 가로로 겹쳐서 얹는다.

5. 크고 무거운 물건으로 누르면 수액이 흘러나와 줄기가 달라붙으며 종이가 된다.

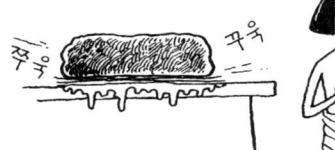

이렇게 만들어진 종이 역시 '파피루스'라고 부른다. 파피루스에는 두 가지 뜻이 담긴 셈이다.

이집트 인들은 파피루스로 그물과 끈을 비롯하여 뗏목 등 온갖 것을 만들었다. 가느다란 파피루스는 끈을, 굵은 파피루스는 널빤지처럼 잘라서 뗏목이나 보트를 만들었다. 파피루스의 사용법은 백 가지가 넘었다.

나일 강은 이집트 인에게 삶의 중심이었다. 강에서 물고기를 잡고, 습지에서 동물과 새를 사냥했으며, 강으로 소풍을 갔다. 어린 클레오파트라가 일기를 썼다면 다음과 같은 내용이었으리라.

클레오파트라의 비밀 일기(10살)

무지무지 재밌었다! 이번 주에 우린 강으로 사냥을 갔다. 신성하신 아바마마도 오셨다! 아바마마가 아이들 소풍에 따라 나온 것은 무척 오래간만이었다. 아바마마를 따라온 시종들까지 모두 40명쯤 되었다.

비가 내린 뒤라 수심이 깊었다. 그런데 이번에 새로 온 굉장히 젊고 멋진 아르켈라오스 선생님은 풍년이 들려면 아직 부족하다고 말씀하셨다. 또한 강의 수심은 빗물에 좌우되지 않는다고 했다. 오히려 머나먼 에티오피아 산맥에 쌓인 눈에 따라 결정된다고 말했다. 트리파에나 언니는 헛소리라고 말했다. 그리고 누가 믿겠냐며 빈정거렸지만 난 선생님 말이 맞는 것 같다.

에티오피아

신성하신 아바마마는 강물이 차오르도록 신들에게 기도하자고 말했다. 어쩐지 헷갈린다. 우리더러 아바마마에게 기도하라는 뜻인가? 아바마마가 신이잖아. 아니라면 왜 신성하신 아바마마라고 부르겠어? 그런데 아바마마는 신이라면서 왜 기도를 하지? 우리더러 왜 따라 하라고 할까? 아바마마는 앞으로의 일을 척척 다 알잖아. 아바마마가 비를 더 내려 주면 안 되나? 트리파에나 언니에게 물었더니 언니는 깔깔 웃어댔다.

"얘 좀 귀엽지 않아요?" 언니가 아르켈라오스 선생님에게 물었다. 언니는 틈만 나면 선생님에게 아양을 떤다. "아직도 철석같이 믿네요."

선생님은 잔뜩 겁먹은 표정이었다. 누가 들을 새라 두려워했다. 하지만 듣는 사람은 없었다. 아바마마는 포도주를 왕창 마신 상태였고, 측근들은 빙 둘러서서 아바마마에게 플루트를 불어 달라고 간청하던 참이었다.

"뭘 믿는단 말이야, 언니?" 내가 물었다. 나야 무슨 말인지 알고 있었다. 언니는 아바마마를 성스럽지 않다고 생각하는 것이다. 난 언니 입으로 그 말을 직접 듣고 싶었다.

언니는 입을 다물었다. 그래서 내가 언니의 약을 살살 올리며 졸라댔다. 결국 언니는 사악한 웃음을 지으며 한 마디 던졌다. 아바마마에게 기도해서 끝날 일이라면 요 몇 년 간의 가뭄이나 흉작은 없었을 것이라고. 난 언니의 말뜻을 못 알아듣는 척했다. 그러면서 아르시노에를 슬쩍 부추겼더니 아르시노에가 계속 물어댔다. "무슨 말이야?" 트리파에나 언니는 질문을 묵살하며, 가서 수영이나 하라고 받아쳤다.

내가 싫다고 하자 내 팔뚝을 꽉 꼬집었다. 내가 자기 눈앞에서 꺼져 주기를 바랐겠지. 가엾은 선생님을 상대로 애교를 피우려고 말이야. 선생님이 귀여워하는 학생은 바로 나다. 내가 언니보다 훨씬 똑똑하고 재미있거든.

← 트리파에나
왝, 쳇!

너무너무 →
재미있고 똑똑하고 예쁘고
겸손하고 기타 등등.

그러자 언니는 다른 나룻배에 타고 있던 포티누스 환관*에게 우리와 수영하라고 소리쳤다. 포티누스는 젊고 뚱뚱한 남자인데

---

* 환관: 왕의 시중을 드는 신하로 '내시'라고도 한다.

높은 사람들만 보면 손이 발이 되도록 비벼댄다. 포티누스는 수영이라면 질색했고 악어라는 말만 들어도 사시나무처럼 떨었다. 나와 아르시노에는 눈길을 주고받으며 배시시 웃었다. 언니를 약 올리느니 포티누스를 수영시키면 백 배 천 배 재미있으리라는 생각이 퍼뜩 스쳤다.

그 순간 아바마마가 거들었다. 수영이라는 말을 듣자, 포티누스에게 지시를 따르도록 명령했다. 포티누스는 땀을 비 오듯 흘리며 벌벌 떨었다.

그러면서도 악어들이 '우리의 사랑스럽고 신성하신 공주님들'을 꿀꺽 삼킬지 모른다며 짐짓 걱정했다. 하지만 그건 다 뻥이다. 포티누스는 나와 아르시노에를 거들떠보지도 않는다. 오로지 두 명의 프톨레마이오스 왕자들만 떠받들 뿐이다.

완전 겁쟁이

아바마마도 나처럼 포티누스의 꿍꿍이 속을 알아차렸다. 아바마마는 사랑스럽고 신성한 공주들을 위해서 당장 뛰어들라며 포티누스에게 소리쳤다. 미끼 노릇을 하라는 뜻이었다. 악어들이 모여들지 않는 것을 확인해야 안심할 수 있으니까. 포티누스가 눈물을 줄줄 흘리자, 아바마마는 오히려 역정을 냈다. 아바마마는 완전히 술에 취한 상태였다. **수영해!** 아바마마가 포티누스에게 소리를 버럭 질렀다.

수영해!

뚱뚱보 얼뜨기는 깊고 어두컴컴한 강물 속으로 뛰어들어야 했다. 그는 커다랗게 원을 그리며 헤엄쳤고 어깨 너머를 연신 흘끗거렸다. 그때 누군가 날 뒤에서 밀었다. 보나마나 언니였겠지. 난 포티누스의 머리 위로 풍덩 떨어졌다. 뜨거운 해님이 사라진 뒤라 물은 차가웠고, 난 별로 즐겁지 않았다. 더구나 악어가 무서웠다. 그나마 악어가 나타나지 않고 우리가 무사히 움직이자, 너도나도 물속으로 뛰어들었다. 배에는 노예들만이 땀을 뻘뻘 흘리며 부러운 시선으로 바라봤다.

잠시 후에 모두 배로 올라오니 노예들이 생선과 메추리 알과 무화과와 아몬드 등 진수성찬의 소풍 음식을 차려 놓았다. 물론 아바마마와 측근들에게는 포도주를 갖다 바쳤다.

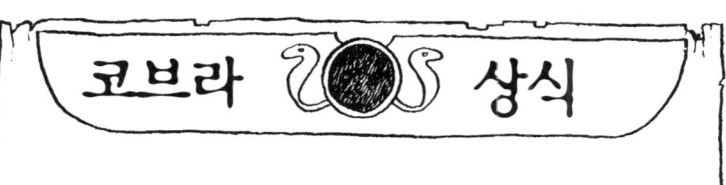

뭐, 이와 똑같은 소풍을 가지는 않았겠지만 그래도 부자들은 배를 타고 나일 강을 오르내리며 며칠씩 보냈다. 실제로 프톨레마이오스 플루트 연주자는 술이라면 무조건 달려들고 잔인했으며 고약한 짓으로 사람들을 골탕 먹였다.

코브라 상식

쩝쩝, 넌 죽었어!
나일 강에는 수백 마리의 악어들이 살았다. 오랜 세월 동안 이집트 인들이 적을 처리할 때에 써먹는 최선의 방법은 악어였다. 이집트 인들은 적이 살아있든 죽었든 악어에게 냅다 던졌다. 시신을 굳이 묻을 필요가 없으니 생태계를 보존하는 셈이었다.

여러 가지 문자

고대 이집트 문자는 그림에 가까웠다. 그 기호를 '성스러운 글씨' 라는 뜻의 '신성 문자' 로 불렀다. 문자는 '카르투슈' 라는 타원형 판에 빼곡하게 적혀 있기도 했다. 카르투슈는 사원의 벽이나 스텔레*라는 석판에서 찾아 볼 수 있다.

이집트의 또 다른 상형 문자로 신관 문자도 있었는데, 이 글자는 매우 빠르게 적을 수 있었다. 그래서 간단한 쪽지나 개인적인 용무에 주로 사용되었다.

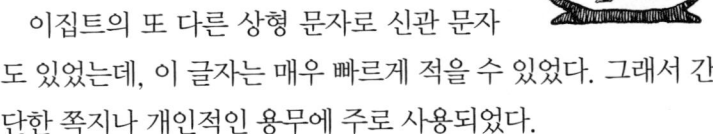

클레오파트라는 다음에 나오는 것과 같은 그리스 어로 일기를 썼을 것이다.

* 스텔레: 돋을새김으로 만든 석판.

ΚΛΕΟΠΑΤΡΑ

　200년 전에 아주 오래 전의 것으로 보이는 석판이 발견되었는데, 똑같은 내용의 글이 신성 문자와 신관 문자, 그리스 어로 각각 적혀 있었다. 이 석판에 관한 궁금증은 훗날에 어떤 고고학자가 그리스 학자의 도움을 받게 되면서 풀렸다. 그리스 학자는 이집트 어의 의미를 낱낱이 풀이해 냈고, 카르투슈의 비밀도 모두 풀었다.

　지금도 런던의 대영 박물관에 가면 200년 전에 발견된 석판을 볼 수 있다. 그것은 그 이름도 유명한 로제타석이다.

흉작과 막강한 이웃

어떤 면에서는 클레오파트라 시대나 오늘날이나 이집트는 비슷하다. 나라 곳곳이 사막이라는 점은 같으니까. 그런데 그 당시 사막에는 많은 비밀이 감춰 있었다. 푹푹 빠지는 모래 아래에 엄청난 것들이 묻혀 있었는데, 금과 광물, 보석 등이 그것이다. 그 물건들은 예나 지금이나 매우 귀하고 값비싸다.

힘찬 강물

이집트에서 비옥한 초원이 기다랗게 이어진 곳은 바로 나일 계곡이다. 나일 강은 이집트 한복판을 곧장 흐르는 아주 긴 강이다. 에티오피아와 중앙아프리카의 산맥에서 흘러나온 물이 모여 지중해까지 힘차게 뻗어 나간다. 수십 년 전에 커다란 댐을 세우기 전까지는 나일 강은 봄마다 강물이 범람하여 널찍한 나일 강 유역이 형성되었다. 수 킬로미터까지 강물이 넘쳤다가 빠져나가면 그 자리에는 비옥한 검은흙이 모습을 드러내었다. 여기에는 무엇을 심어도 쑥쑥 잘 자랐다.

이집트 인들은 수천 년에 걸쳐 이 기다랗고 기름진 계곡에서 농사를 지어 왔다. 그 시작을 찾으려면 파라오 이전까지 거슬러 올라가야 한다. 이집트 인들의 농사짓는 솜씨는 혀를 내두를 정도였다. 그들은 수로를 내고 강물을 끌어와서 더 넓은 땅에 물을 댔다. 강을 따라 저 멀리 남쪽으로 가다 보면 마을과 도시와 신전이 모인 '상 이집트'가 나온다. 그곳에서는 그리스 인들을 찾아보기 힘들며, 조상 대대로 이집트 인들만 모여 살았다.

그들은 강의 양쪽 땅을 조각보처럼 반듯반듯하게 나누어서 구분했다. 커다란 돌로 각자의 농경지를 표시해 놓았던 것이다. 강물이 범람하여 물에 잠기면 돌의 끄트머리만 겨우 보였다.

날씨만 좋으면 이집트 인들은 마음먹은 대로 양식을 거둬들일 수 있었다. 우선 온갖 곡식을 추수하여 갖가지 빵과 과자와 케이크를 구워 냈다. 그런데 안타깝게도 이집트 인들은 부실한 치아를 가지고 있었다. 그 이유는 곡식을 갈 때에 모래가 섞여 들어가 치아를 부러뜨리거나 치아의 표면을 벗겨 내 상하게 만들었기 때문이다.

또한 아마를 길러서 아마포나 아마유를 만들어 냈다. 포도를 재배하여 포도주를 생산했으며, 가축을 키워서 우유와 고기와 가죽을 생산했다. 게다가 별별 과일과 채소까지 풍성했으니 배를 통통 두드리며 살 수 있었다.

하지만 모든 것은 '강물이 얼마나 불어나느냐'에 달려 있었다. 강물의 수위가 낮으면 강물이 충분하게 넘치지 못했다. 지나치게 높으면 강물이 관개 수로까지 쓸어 버려서 햇볕이 쨍쨍 내리쬐는 여름에도 물을 댈 수 없었다.

길러 낸 사람이 임자

나일 강 주변의 농부들은 풍년이면 느긋하게 강을 오르내리며 도시에다 농작물을 내다 팔았다. 흉년에는 그럴 만한 여유가 없었다. 가족부터 먹여 살려야 했으므로 거둬들인 곡식은 어떻게든 저장했다.

나일 강 수위계

나라에서 강물이 얼마나 불었는지 일일이 확인했다. 강 주변에 있는 아무리 작은 마을이라도 '나일로미터' 즉 나일 강 수위계를 갖추고 있었다. 나일 강 수위계는 우물 모양이었으며, 때로는 계단처럼 생긴 것도 있었다. 범람하면 강물이 수위계로 흘러들었다. 그러면 왕의 세금 징수원이 물의 높이를 확인했다. 그 조사를 통해 세금 징수원은 땅이 얼마나 비옥한지 가늠하고 왕에게 바칠 곡식의 양을 파악했다.

대도시

나일 강을 따라 쭉 들어선 도시들 중에서 나일 강 입구에 있는 알렉산드리아가 가장 컸다.

알렉산드리아는 프톨레마이오스 시대에 이집트의 수도였다.

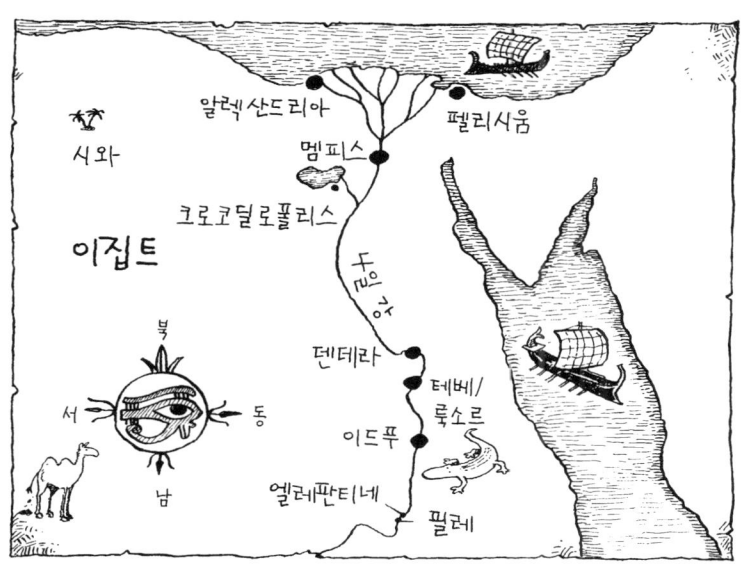

오늘날의 런던이나 뉴욕과 비슷하여 대단히 활기찼으며, 세계 곳곳의 사람들이 모여들었다. 특히 그리스 인들이 많았는데 그들의 조상은 프톨레마이오스 가문과 함께 뿌리를 내린 사람들이었다. 또한 유대 인들이 거대한 공동체를 이루며 살았고, 로마와 사이프러스와 중동의 여러 나라에서 온 상인들과 선원들로 항상 북적거렸다. 예나 지금이나 대도시의 사람들은 도시 생활을 꿰뚫고 있으므로 권력가의 지시쯤은 귓등으로 흘려들었다.

흉년이 들면 곡물이 귀하고 가격이 치솟았다. 그러면 도시 시민들의 원성이 자자했다. 프톨레마이오스 플루트 연주자의 시대에도 흉년이 이어졌다. 사람들은 왕에게 욕을 퍼부었다.

식량 부족만이 프톨레마이오스 플루트 연주자의 고민은 아니었다. 골치깨나 아픈 문제가 또 있었다.

적과 맞닥뜨리기!

파라오 시대부터 이집트는 이웃 나라들의 시샘을 받았다. 나일 강 유역의 기름진 농경지에 지하자원까지 더해졌으니 이집트는 가장 떵떵거리는 부자 나라가 되었다. 다른 나라들은 이집트를 차지하고 싶어 했다. 이집트의 재산을 몽땅 빼앗고 싶었던 것이다.

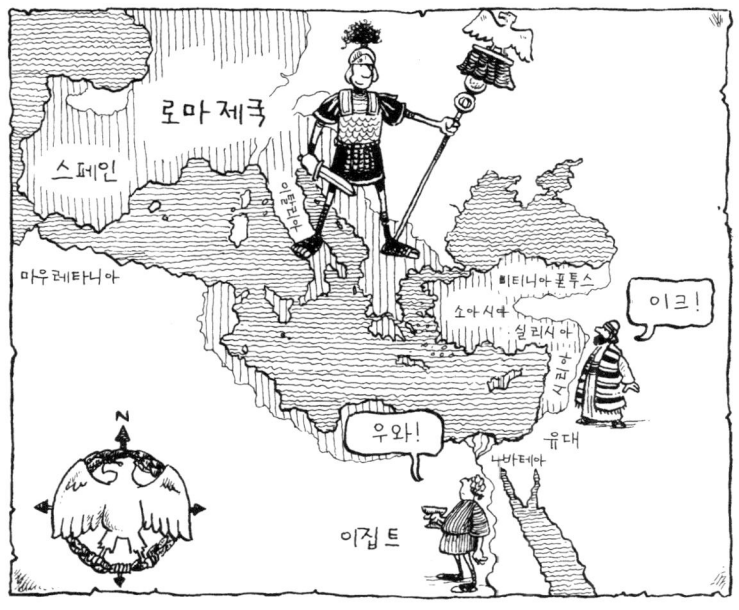

프톨레마이오스 시대에 이르러 아주 강력한 제국이 등장했다. 바로 로마 제국으로 어느 순간 유럽 전체는 물론이고 유대

땅을 비롯하여 중동 대부분의 지역까지 손에 넣었다.

프톨레마이오스 아울레테스 시절에 로마 제국의 세력은 어마어마했으며, 그 뒤에는 세 명의 막강한 장군들이 버티고 있었다. 3인 집정관으로 이름을 날린 율리우스 카이사르와 폼페이우스와 크라수스가 그들이다. 이 세 명은 각자에게 알맞은 몫을 나눠 가졌다.

독수리 상식

로마의 독수리

이집트가 코브라를 신성하게 여겼다면 로마는 독수리를 특별하게 생각했다. 전쟁터에서 휘날리는 로마 군단의 깃발 꼭대기마다 독수리가 있었다. 로마 인들은 독수리가 신들의 왕인 제우스를 상징하는 신성한 존재라고 여겼다.

로마는 영토가 거대하여 다스리기 벅찼는데도 끊임없이 정복에 나섰다. 그들에게 정복은 직업이나 다름없었다. 특히 부티가 좔좔 흐르는 이집트가 탐났다. 이집트의 금은보화 정도면 수천 명의 병사들을 두고두고 먹여 살릴 것 같았다.

클레오파트라의 아버지는 로마 인들이 몰려와 왕좌를 빼앗을지 모른다는 생각에 늘 두려웠다. 뿐만 아니라 백성들이 들고 일어나서 자기를 쫓아낼까봐 안절부절 못했다. 이래저래 쫓겨날 것 같아 늘 가시방석에 앉아 있는 기분이었다. 왕은 백성들을 감당할 자신이 없었기 때문에 로마의 지도층에 찰싹 달라붙었다. 클레오파트라가 열 살 되던 해에 왕은 로마의 3인 집정관들에게 편지를 썼다. 다음과 거의 비슷한 내용이었다.

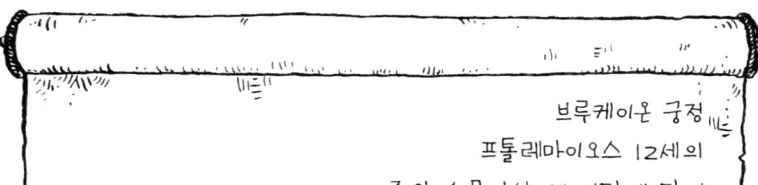

브루케이온 궁정
프톨레마이오스 12세의
즉위 스물다섯 해 여덟째 달에

존귀하신 분들이여!
모든 군사 작전을 성공리에 마무리 지으셨다니 기쁘기 한량없습니다.
왕국을 이끌어 나가기 얼마나 고된 일인지 잘 알고 있습니다. 그러니 장군들께서 승리를 거두기는 했어도 한가하게 보낼 시간이 없으리라 짐작됩니다. 아마도 픽트 족과 켈트 족과 유대 인과 게르만 족과 갈리아 인을 다스리느라 눈코 뜰 새 없으시겠지요. 그나마 저 같은 사람이 있으니 참 다행입니다. 전혀 걱정할 필요 없는 나라가 하나라도 있으니 말입니다. 제가 왕의 자리에 있는 한, 이집트가 로마를 공격할지 모른다는 불안감은 붙들어 매섭시오! 그 점만은 마음 푹 놓으셔도 됩니다!
 그런데 부탁 하나 청해도 될까요? 요즘에 이 곳 농작물의 수확량이 신통치 않다 보니 백성들의 원성이 자자합니다. 아시다시피 그자들은 일이 제대로 풀리지 않으면 항상 지도자 탓을 한답니다. 제 뒤에 장군들이 버티고 있다는 사실을 백성들이 알게 된다면 제가 참으로 든든할 겁니다.

언제나 감사와 평화를 마음에 품고 있는 충실한 종
프톨레마이오스 12세 디오니소스

로마의 카피톨리누스 언덕에서
X/IX/DCXCV*

프톨레마이오스에게
 충성을 바치겠다니 무척 고맙소. 우리에게 6000달란트를 보내주면 그대의 제안대로 기꺼이 포고령을 발표하겠소.
 그대의 신속한 답변을 기다리리다.
 그럼 이만, 안녕.

율리우스, 폼페이우스, 크라수스
대로마 제국의 3인 집정관

 가엾은 프톨레마이오스 아울레테스! 6000달란트는 이집트의 한 해 총소득이었다. 아울레테스에게는 여유 자금이 없었으며, 세금을 좀 더 걷자니 반란이라도 일어날까 봐 무서웠다. 그래서 울며 겨자 먹기로 로마의 고리대금업자에게 금을 빌렸다.

* 지금으로 따지자면 기원전 59년이다. 로마 인들은 도시를 설립한 시기부터 연도를 세어 나갔기 때문에 그들의 1년은 기원전 753년에 해당한다. 헷갈릴 수 있으니 앞으로는 여러분이 이해하기 쉬운 날짜도 표기한다.

아울레테스는 이제 빠져나갈 구멍이 없었다. 고리대금업자가 이자를 왕창 뜯어가는 통에 빚은 금세 산더미가 되었다. 게다가 이집트 백성들은 로마에서 이집트 왕을 인정하건 말건 콧방귀만 뀌었다. 기원전 59년 말에 프톨레마이오스 12세는 로마의 강력한 지지를 얻어야 겨우 버틸 만한 처지였다. 거리마다 폭동이 일어났기 때문이다. 마침내 시민들에게 쫓겨나고만 프톨레마이오스 12세는 로마로 몸을 피하기로 했다. 동맹국에게 군대를 요청하여 권력을 되찾을 참이었다. 물론 비행기에 훌쩍 올라타지는 못했다. 배를 타고 가야만 했다.

그 당시 배에는 노와 돛이 필요했다. 뒤에서 바람이 불면 돛을 올렸고, 그렇지 않을 때는 노를 저었다. 커다란 배를 움직이려면 노 한 쌍으로는 턱도 없었다. 배의 양쪽으로 노가 잔뜩 있었으며, 노 하나를 장정 여럿이 젓는 경우도 흔했다. 바람에 출렁이는 배가 영차영차 노를 저으며 지중해를 가로질렀다. 프톨레마이오스 12세는 황급히 달아난 탓에 왕실 선박을 띄우지 못했고, 머물던 곳도 무척 초라했다.

똥 싸는 소리

로마로 가던 프톨레마이오스 플루트 연주자는 로도스 섬에 잠깐 들렀다. 마침 로마의 유력 인사인 작은 카토가 그곳을 방문 중이라서 프톨레마이오스가 만나기를 청했다. 로마 인이라면 대부분 그렇듯이 작은 카토도 가난하고 뚱뚱하고 방탕한 프톨레마이오스를 하찮게 여겼으므로 실컷 무시해 줄 작정이었다. 마침 그가 변기에서 끙끙 힘을 줄 때에 프톨레마이오스가 도착했다. 하인에게 전갈을 보내어 기다리게 해야 마땅했지만 작은 카토는 일부러 엉뚱하게 굴었다.

"안으로 모셔라!"

작은 카토가 지시했다.

안으로 들어온 이집트 왕이 업무상 볼일을 상의하는 동안에 카토는 자신의 볼일을 처리했다.

뿌지직!

코브라 상식

시간의 발자국

이집트 인들과 로마 인들은 각자 다른 연도를 사용했다. 대체로 왕조의 시작처럼 큰 사건을 기준으로 시간을 세어 나갔다. 말하자면 '프톨레마이오스 소테르 즉위 10년' 이나 '로마 건국 300년'으로 표현했다.

오늘날 우리도 마찬가지이다. 서양에서 시간의 기준점으로 삼은 중대 사건은 예수 그리스도의 탄생이다. 그 뒤로는 연도를 다시 시작할 만큼 새롭고 중요한 사건은 일어나지 않

> 았다. 프랑스 인들은 그들이 혁명을 일으킨 1792년부터 연도를 시작하려 했으나 성공하지 못했다.

호랑이 없는 굴

클레오파트라의 아버지가 로마로 떠나자 알렉산드리아에는 온갖 음모와 계략이 판을 쳤다. 프톨레마이오스 왕조 시대에 함부로 속마음을 밝혔다가는 큰일이 나므로 백성들은 도시의 기둥이나 석판에 불만을 슬쩍슬쩍 끼적거렸다. 오늘날 담벼락이나 다리에 적힌 낙서와 같은 셈이다.

그 이후에 벌어진 일을 차례대로 정리해 보았다. 석판에는 다음과 같은 글이 적혀 있지 않았을까?

클레오파트라 트리파에나는 스스로 여왕이라고 선포했다. 앞으로 로마에 공물을 바치지 않겠다고 선언했다.

클레오파트라 트리파에나는 느닷없이 죽었으며 그 이유는 아무도 모른다.

베레니체가 이집트의 여왕임을 선포했다.

베레니체가 자신을 여왕으로 인정해 달라고 로마의 3인 집정관에게 사신들을 보냈으나 사신들은 해변에서 살해당했다. 프톨레마이오스의 신하들이 숨어서 그들을 기다렸던 것이다.

배가 상륙하자
모래 위로 발자국들이 콩콩.
어두운 밤
칼날이 번쩍번쩍.
공격의 신호와 함께
모래 위로 쓰러지는 시체.
베레니체 홀로 앉아서
헛되이 기다리네.
로마에서 올 소식을!
어두운 밤
노 젓는 소리만 철썩철썩.

이런 사태가 벌어지다 보니 알렉산드리아는 아수라장이 되었다. 베레니체 쪽의 충성파 병사들이 질서를 유지했지만 사람들은 베레니체에게 운명을 맡기기가 두려웠다. 프톨레마이오스가 돌아와서 한바탕 분란을 일으킬지 모르기 때문이었다.

그들이 몸을 사린 것은 바람직한 행동이었다. 로마 인들은 갈팡질팡 고민하다가 결국 프톨레마이오스 플루트 연주자에게 돌아섰고 그에게 왕위를 찾아주기로 결정했다. 그 대가로 더 많은 돈을 내야 한다는 것은 당연한 말씀! 가비니우스라는 로마의 장군이 군대를 끌고 알렉산드리아로 떠났다. 프톨레마이오스의 고

반짝 번쩍

리대금업자도 이자를 확실히 받아 내고자 쫓아갔으며, 마르쿠스 안토니우스라는 건장하고 젊은 군인도 따라갔다.

　로마 군대가 몰려온다는 소식에 베레니체 충성파는 바짝 얼어붙었다. 로마 인은 백 배 천 배 뛰어난 병사들이라서 실낱같은 기대도 할 수 없었다. 그래도 지지자들은 여왕이 굳세어지도록 배우자를 구했다. 베레니체는 남편감이 못마땅했다. 남편이 건방지게 굴자 베레니체는 결혼하고 며칠 지나지 않아서 남편을 목 졸라 죽였다.

　베레니체는 두 번째 남편을 얻었다. 그는 보나마나 겁이 나서 바들바들 떨었을 것이다. 누구의 손에 먼저 희생될 것인가? 아내일까 로마 인일까? 결국 로마 인이 해치웠다. 그는 로마 인들과 전투를 벌이다가 목숨을 잃었다. 마르쿠스 안토니우스는 매력이 넘치는 동시에 너그러웠으므로 장례식을 근사하게 치르도록 허락했다. 프톨레마이오스 왕은 화가 머리끝까지 치민 상태였다. 베레니체는 눈곱만큼의 동정도 받지 못했다. 왕은 왕위를 탐내던 딸을 가차 없이 처형해 버렸다. 딸의 지지자까지 몽땅.

　클레오파트라는 그때 어디 있었을까? 아무도 모른다. 아버지가 이집트를 떠날 무렵에 클레오파트라는 열두 살이었다. 그리고 다시 돌아와 권력을 잡았을 때에 클레오파트라는 열네 살이었다. 클레오파트라가 알렉산드리아에 있었다면 바람 앞에 등불처럼 목숨이 위태로웠을 것이다. 궁정의 안팎에서 온갖 난리 법석이 벌어졌기 때문이다. 그렇다면 아버지가 클레오파트라의 손을 잡고 로마로 데려갔나? 또는 험한 꼴을 당하지 않도록 다른 도시로 피신시켰을까? 그래서 클레오파트라가 여러 지역의 언어를 배우게 되었나? 아니면 알렉산드리아의 커다란 도서관에서 책만 파고들며 정치라고는 전혀 관심 없는 척했나? 우리로서는 확인할 길이 없다.

　어쨌든 클레오파트라는 끝까지 살아남았으며 이집트로 돌아온 왕은 클레오파트라를 자신의 후계자로 지명했다. 따라서 클레오파트라가 이집트에 머물렀어도 언니들의 음모에는 끼어들지 않았던 모양이다.

클레오파트라의 비밀 일기(16살)

아르시노에와 함께 아바마마를 따라 나일 강으로 여행을 갔다 방금 돌아왔다. 아바마마는 우리에게 도시 너머 강가에 펼쳐진 거대한 왕국을 보여주고 싶어 하셨다. 과연 멋진 광경이 우리 눈을 사로잡았다!

웅장한 돛단배에 돛을 달고 출발하자 바람이 북쪽에서 솔솔 불어왔다.

도시를 벗어나니 습지와 푸른 목초지가 차례차례 나타났고, 포도밭의 포도는 쨍쨍 내리쬐는 햇볕에 영글어 가고 있었다.

그때 아바마마의 한 마디에 내 가슴이 콩닥콩닥 뛰었다. "네가 언젠가 다스리게 될 풍요로운 나라이니라." 난 언젠가 여왕이 될 것이다. 그동안 알고 있었다. 알면서도 방법을 몰랐다. 그런데 고약한 능구렁이 트리파에나 언니와 미치광이 베레니체 언니가 스스로 파멸의 구덩이를 팔 줄이야! 둘 다 이 세상을 떠났으니 이제 두 다리 쭉 펴고 살 것 같다!

아르시노에도 나와 비슷할까? 내가 언니들에게 느꼈던 감정을 나에게 품고 있을까? 물어보나마나 뻔하다. 아르시노에는 걸핏하면 슬쩍슬쩍 비꼰다. 한 번은 나더러 숏다리라 속상하겠다며 빈정거렸다. 왕실 예복을 걸쳐 봤자 전혀 돋보이지 않는다나 뭐라나.

며칠 전 저녁에는 아르시노에가 침을 튀기며 아르시노에 2세야말로 가장 강력한 이집트 여왕이라고 떠벌였다. 난 베레니체 3세는 위대한 여왕이었지만 우리 베레니체 언니에게 벌어진 일을 떠올리라고 받아쳤다. 그러고는 걸음을 옮겨서 뱃머리로 갔다. 아르시노에는 증오와 시샘의 눈초리를 나에게 던졌다. 앞으로 아르시노에로부터 눈길을 떼지 말아야겠다.

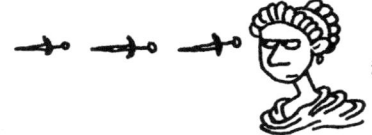

주의 사항: 첩자를 배치하여 동생을 감시할 것.

배가 강기슭에 이르자 들판이 펼쳐졌고 농가의 앞마당에서는 모닥불이 타올랐다. 바람결에 실려 온 아이들의 목소리를 듣다 보니 권력에서 벗어난 서민들이 어쩐지 부러웠다. 우린 가족에게 살해당할 위협을 느끼지만 그들은 아니겠지?

남쪽으로 항해하다가 멤피스를 지났다. 아바마마는 멤피스에서 즉위식을 올리지 못했다며 아쉬워했다. 내가 그 이유를 물었더니 아바마마는 알렉산드리아가 워낙 불안해서 자리를 비울 수 없었다고 대답했다. 가엾은 아바마마는 왕위를 물려받은 순간부터 조마조마했나 보다.

우리는 수백 킬로미터를 가고 또 갔다. 강이 점차 좁아지더니 드디어 덴테라가 보였다. 아바마마는 선조 대대로 지어오던 덴테라의 신전을 마무리 짓고자 일꾼들을 보낸 적도 있었다. 웅장하고 으리으리한 이 신전은 우리 가문의 막강한 권력을 과시해 준다.

강줄기가 휘어지면서 악어 신을 모시는 소백 신전이 나타났다. 악어 수십 마리가 모래사장에서 햇볕을 쬐고 있었다. 배가 신전 근처에 정박하자, 나는 악어들이 쫓아올까 봐 해변을 달려갔다. 내 가슴이 쿵쾅거렸다. 마을 사람이 그러는데, 악어가 지난달에 어부 셋과 여자 하나와 아이들 셋까지 모두 일곱을 죽였다고 한다.

콥토스에서 아바마마는 이집트의 옛 신들 앞에 제단을 마련했다. 그곳 주민들은 여전히 예전의 신들을 받들었다. 그날 밤, 우리는 배 위에서 포도주를 마셨다. 아니 정확히 말하자면 아바마마와 아르시노에만 마셨다. 난 한 방울도 입에 대지 않았다. 가족이 곁에 있을 때는 정신을 바짝 차려야 하니까.

"여기가 진정한 이집트란다." 아바마마가 그날 밤에 들려준 말이다. "알렉산드리아는 이집트가 아니다. 알렉산드리아는 그저 알렉산드리아일 뿐이야. 온갖 사람들이 모여드는 복잡한 도시지. 여기야말로 진짜 이집트 인들이 살고 있다. 이들이야말로 세금을 내고 도시를 먹여 살리거든. 네가 여왕이 되면 이들의 사랑을 받도록 노력해라."

그곳은 알렉산드리아나 요즘 시절에 비해 딴 세상 같았다. 시간이 멈춰버린 곳. 신성하신 아바마마께서 예스러운 이집트를 얼마나 사랑하는지 알 수 있었다. 몸속에 그리스 인의 피가 흐르지만 이집트 인들에게 얼마나 끌리는지도. 아바마마는 내가 그곳 언어로 주민들과 이야기를 나누자 무척 흡족해 했다.  아바마마는 프톨레마이오스 가문의 어떤 통치자도 그런 적이 없다고 알려 주었다.

돌아오는 길에 아바마마는 로마가 이집트에 얼마나 위협한지 알려 주었다. 그러니 어떤 대가를 치르더라도 로마를 우리 편으로 만들어야 한다고 일러주었다.

당연히 옳은 말이다. 맞설 힘이 없으니 잘 보여야겠지. 하지만 끊임없는 공물 때문에 돈을 빌리고 이자를 내다 보니 나라가 휘청거린다. 돈을 들이지 않고 로마를 우리 편으로 삼아야 한다. 그 문제부터 해결해야 한다. 무슨 수가 있을 것이다.

결국 얼마 지나지 않아 클레오파트라가 그 방법을 알아냈다.

클레오파트라 여왕

클레오파트라의 아버지는 4년을 더 다스렸다. 상황은 자꾸 꼬여 갔다. 로마 고리대금업자는 이집트의 재무 장관을 맡겠다고 우겼다. 그러고는 세금을 왕창 뜯어 갔기에 알렉산드리아 시민들의 원성이 자자했다.

로마 고리대금업자는 가까스로 목숨을 구하자 꽁지가 빠지도록 로마로 달아났다. 가비니우스 장군도 만만치 않았다. 그는 공물을 닥치는 대로 걷었다. 로마는 국민들이 다른 나라에서 돈을 얼마나 빼앗든 상관하지 않았다. 그 돈을 로마에 바친 다면 말이다. 그런데 이 둘은 시치미를 뚝 뗐다. 이집트에서 빼앗은 돈은 그들의 주머니로 고스란히 들어갔다. 두 사람은 고향으로 돌아갔으나, 로마 사기죄로 재판을 받았다.

클레오파트라의 비밀 일기

왕재수 가비니우스가 돌아갔다. 마르쿠스 안토니우스도 그를 따라갔다. 얼마나 다행인지 모르겠다. 안토니우스는 자기가 키도 크고 미남이라서 내가 홀딱 반할 줄 알았던 모양이다.

그래, 재미있는 건 인정한다. 부하들도 그를 줄줄 따른다. 다들 안토니우스가 착하고 다정하다며 칭찬한다. 하지만 그는 술고래인데다 난 이집트의 공주이다. 아무리 미남이라도 처음 만난 로마 군인에게 내 마음을 줄 수는 없다. 난 이집트를 위해서 반드시 신격화된 왕과 결혼해야 한다. 안타깝게도 상대가 남동생이지만······.

가비니우스는 아바마마가 편히 나라를 다스리도록 로마의 군사들을 몽땅 남겨두고 떠났다. 그러나 그자들은 아무짝에도 쓸모가 없다. 허구한 날 주먹다짐을 벌이며 난리를 피운다. 내가 여왕이 되면 로마의 도움 따위는 받지 않을 거다.

로마 군대는 프톨레마이오스의 통치가 끝날 때까지 이집트에 머물렀다. 알렉산드리아 시민들이 왕의 자리를 호시탐탐 노렸기 때문에 프톨레마이오스로서는 로마 근대가 꼭 필요했다.

프톨레마이오스는 꼭두각시 왕 노릇을 참아 내야만 했다.
 프톨레마이오스는 죽기 1년 전에 클레오파트라를 다시 후계자로 선포했다. 클레오파트라는 아버지가 로마에 보낸 서류에 대해서는 전혀 몰랐다.

> 마지막 유언장
> 프톨레마이오스 12세 디오니소스
> 모든 이집트의 왕
>
> 나는 이집트를 내 딸 클레오파트라 테아와 장남인 프톨레마이오스에게 물려주노니, 두 사람은 결혼하여 프톨레마이오스 13세와 클레오파트라 7세가 되도록 하라.
>
> 내가 사망한 시기에 프톨레마이오스가 어리다면 그가 성장할 때까지 포티누스 환관이 후견인의 역할을 맡도록 하라.
>
> 이 유언장은 로마의 재무부에 맡겨 두겠다. 가장 훌륭하고 고귀한 로마의 지도층만이 가장 충성스러운 동맹자인 나의 소원을 반드시 이뤄 주리라 믿는다. 내 생각에는 딸과 아들이 왕위를 물려받아야 이집트가 로마에 아무 말썽을 빚지 않으리라.
>
> ΠΤΟΛΕΜΥ
>
> 프톨레마이오스 12세 디오니소스, 재위 28년 3월 5일에.

 클레오파트라는 아버지가 죽을 때까지 유언장 내용을 전혀 몰랐다. 마침내 알게 되자, 불같이 화를 냈다.

클레오파트라의 비밀 일기

아바마마는 새빨간 거짓말쟁이야! 이젠 돌아가셨으니까 맘껏 말할 테다. 거짓말쟁이, 거짓말쟁이, 거짓말쟁이! 내가 어린 프톨레마이오스를 떠안아야 한다는 것쯤은 짐작했다. 이 나라에서 동생을 떼어 놓을 곳은 없으니까. 그 정도는 얼마든지 참을 만하다. 프톨레마이오스야 어린아이라서 내 손바닥에 있는 것이나 다름없거든.

하지만 아바마마가 포티누스를 섭정*으로 내세우다니! 포티누스! 감히 어디에서! 아바마마는 내가 그 인간을 얼마나 질색하는지 알면서도! 그리고 그 뚱땡이 푼수가 날 얼마나 싫어하는지도! 그자는 위험하다. 내 말을 들을 리가 없다. 으아아아아악! 여왕이 되었는데 눈치를 봐야 하다니 너무너무 짜증난다. 지독한 아바마마! 나더러 동생이나 맡으라는 거군!

클레오파트라가 옳았다. 클레오파트라는 동생을 떠맡았다. 클레오파트라와 고작 열 살밖에 안 된 어린 프톨레마이오스는 결혼하여 '남매 사랑의 신'이 되었다. 어린 프톨레마이오스는 그 나이 또래 아이답게 무척 클레오파트라를 짜증나게 했다.

* 섭정: 군주를 대신하여 나라를 다스리는 사람을 뜻한다.

1라운드 : 뭐라, 프톨레마이오스가 없다고?

클레오파트라는 결혼하고 나서 나라를 나누어 다스릴 생각은 손톱만큼도 없었다. 어린 프톨레마이오스는 궁정의 꼬마들과 어울리느라 정신이 팔렸으므로 제쳐 두고, 포티누스에게 누가 이집트 최고의 통치자인지 보여 주기로 했다. 클레오파트라는 새로운 화폐를 발행했다. 그런데 '남매 사랑의 신'을 동전에 새기지 않고, 클레오파트라의 얼굴만 넣었다. 어린 프톨레마이오스는 코빼기도 보이지 않았다.

한편 동전 속 클레오파트라의 얼굴은 그리 예쁘지 않았다. 매부리코와 각진 턱이 도드라지는 얼굴이어서 개성이 뚜렷하고 강인해 보였다. 그런 것을 어떻게 아느냐고? 그야 당시의 동전이 오늘날까지 남아있기 때문이다.

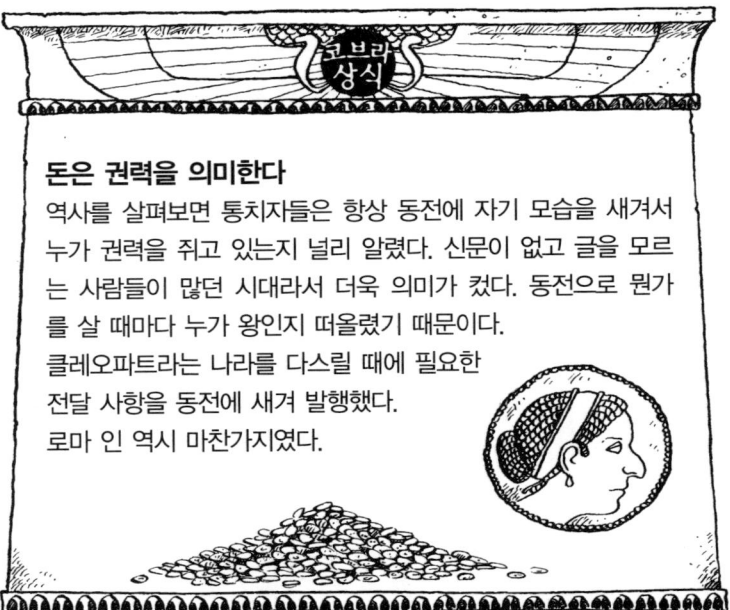

돈은 권력을 의미한다

역사를 살펴보면 통치자들은 항상 동전에 자기 모습을 새겨서 누가 권력을 쥐고 있는지 널리 알렸다. 신문이 없고 글을 모르는 사람들이 많던 시대라서 더욱 의미가 컸다. 동전으로 뭔가를 살 때마다 누가 왕인지 떠올렸기 때문이다.
클레오파트라는 나라를 다스릴 때에 필요한 전달 사항을 동전에 새겨 발행했다.
로마 인 역시 마찬가지였다.

2라운드: 어린 하얀 황소

처음부터 클레오파트라는 오늘날의 '연출 사진', 즉 유명 인사가 대중에게 좋은 모습을 보여주기 위해 찍는 사진에 걸맞은 행동을 능숙하게 해냈다. 물론 그 당시에 사진기는 없었다. 그러나 통치자들은 일의 처리 방식이나 태도에 따라 백성들의 시선이 재깍 달라진다는 점을 꿰뚫고 있었다.

클레오파트라의 비밀 일기

부키스의 신성한 황소가 죽었다는군. 강을 따라 테베로 올라가서 어린 황소를 헤르몬티스 사원까지 몸소 데려와야겠어. 이런 기회를 통해 내가 그리스 인이 아니라 진정한 이집트의 여왕임을 상 이집트 백성에게 확실히 보여줄 테야.

아바마마가 계셨다면 날 자랑스러워 했을 거야!

클레오파트라는 이 일기대로 행동했다. 부키스의 하얀 황소는 이집트 인들에게 굉장히 중요했다. 그들은 하얀 황소를 라 신의 살아있는 형상이라고 믿었다. 황소가 나이 들어 죽으면 그를 대신할 만한 아름답고 어린 황소를 찾아내야만 했다. 클레오파트라는 테베까지 거슬러 가서 새로운 황소를 배에 태우고 신전으로 돌아왔다. 그런 상황까지 자세히 알려진 것은 신전의 석판에 다음과 같은 글이 새겨져 있었기 때문이다. '아버지의 사랑을 받는 여신이자 여왕마마가 즉위 첫 해에 라 신의

배에 황소를 싣고 노를 저어서 헤르몬티스까지 왔도다.'

클레오파트라가 실제로 노를 저었을 리는 없다. 보나마나 가장 화려한 왕실 예복 차림으로 기세등등하게 앉아 있으면 노예들이 열심히 노를 저었겠지.

어쨌든 백성들에게 전달하려는 인상은 아주 분명했다. 난 너희들과 같다. 상 이집트의 백성들은 처음부터 클레오파트라가 마음에 쏙 들었다.

3라운드: 시킨 대로 하시지!

알렉산드리아는 전혀 변화가 없었다. 곡물의 수확량은 턱없이 부족했고 시민들은 구시렁대며 프톨레마이오스 가문에 손가락질을 했다. 클레오파트라는 로마의 지지가 필요했다. 하지만 가비니우스 장군과 마르쿠스 안토니우스가 남겨 둔 로마 군대는 오히려 말썽만 일으켰다. 그들은 제멋대로 굴었다.

어느 날, 배 한 척이 로마의 젊은 귀족 두 명을 태우고 알렉산드리아로 들어왔다. 시리아의 로마 총독인 아버지의 심부름으로 찾아온 참이었다. 시리아의 로마 총독은 병사들이 필요하자 가비니우스의 부하들에게 도움을 청했던 것이다.

가비니우스 부하들은 알렉산드리아를 떠나고 싶지 않았다. 그들은 콧노래를 흥얼거리며 노닥거리던 참이었다. 알렉산드리아 출신의 처자식을 둔 병사들은 집을 떠나 또 싸워야 한다는 사실에 몸서리를 쳤다. 그들은 로마의 젊은 귀족들에게 꺼지라는 말 따위는 하지 않았다. 그 대신 쥐도 새도 모르게 저 세상으로 보내 버렸다.

클레오파트라로서는 그야말로 하늘이 주신 기회였다. 로마에게 자신의 충성심을 보여주는 한편 누가 윗사람인지 가비니우스 부하들에게 단단히 가르쳐 주리라. 금세라도 반란이 일어날 분위기였지만 클레오파트라는 과감하게 범죄자를 체포한 뒤에 사슬로 묶어 로마 통치자에게 보냈다.

그 결과, 클레오파트라는 어린 남동생이나 후견인에 비교할 수 없을 만큼 확고한 자리를 확보했다. 강인한 유일한 통치자임을 확실하게 보여 준 셈이었다. 그러나 지난 몇 년 동안 거둬들인 농작물은 보잘 것 없었다. 시장에는 식량이 없었으며, 백성들은 쫄쫄 굶었다.

4라운드: 다 쟤 탓이야!

클레오파트라의 비밀 일기

포티누스는 어린 프톨레마이오스 문제를 두고 다시 난리 법석을 떨었다. 정말이지 포티누스가 사사건건 간섭하는 꼴은 못 참겠다. 그자는 공공 문서에 프톨레마이오스의 이름을 올리라고 요구한다. 게다가 나더러 '고압적인 태도'를 그만두라고 덧붙이다니.

그래서 난 한 번 물러서기로 했다. 이번 수확량이 예상보다 훨씬 못 미친다. 그래서 농부들에게 농작물을 거의 다 도시로 보내라고 명령해야 할 판이다. 시골 사람들은 고개를 설레설레 저을 테고 알렉산드리아 시민들은 아무래도 불만스럽겠지.

이래저래 욕을 먹게 생겼으니 프톨레마이오스의 이름도 포고령에 올려야겠다. 나와 함께 손가락질을 받도록 말이다. 포티누스는 워낙 덜 떨어진 인간이라 내가 뭔 짓을 꾀하는지 눈치도 못 챌 거다. 킥킥.

얼레!

이것은 실제로 일어났던 사건이다. 시골의 농부들은 어마어마한 식량을 도시로 보내라는 명령을 받았다. 그리고 그 포고령에는 클레오파트라 여왕과 여왕의 남동생, 즉 공동 통치자 프톨레마이오스 13세의 서명이 적혀 있었다.

이런 상황에서도 클레오파트라는 로마에게 아부를 떨어야 했다. 그런데 궁금한 것이 하나 있으니…….

로마 인들은 도대체 누구인가?

몇 세기 동안 로마는 공화국이었다. 즉 로마에는 신격화된 왕이 없었다. 그 대신 헌법을 마련하여, 부유한 상류층 시민으로 구성된 '원로원' 의회가 로마를 다스렸다. 그런데 강력한 힘을 가진 세 명의 군인인 3인 집정관이 제멋대로 일을 처리하고, 원로원을 슬그머니 무시하자 부유한 상류층 시민들은 불만스러워 했다.

가끔 3인 집정관이 아니라 2인일 때도 있었다. 기원전 53년에 크라수스가 파르티아 인*과 전투하던 끝에 죽자, 단둘이서 로마를 쥐고 흔들었다.

그나이우스 폼페이우스

지중해에서 해적을 소탕한 군인으로, 몇몇 전투를 승리로 이끌어 이름을 날렸다. 폼페이우스는 자신이 율리우스 카이사르보다 약하다는 것을 알고, 1인

* 파르티아 인: 페르시아 인이며 오늘날의 이란에서 살았다.

독재 정치가 아니라 원로원 체제를 지지했다.

율리우스 카이사르

오늘날 프랑스인 골 지방을 정복하고 영국을 침입하여 유명해졌다. 군대를 이끄는 도중에도 책을 썼다. 과학과 예술, 연극, 전투 등 다양한 방면에 조예가 깊었으며, 여자에 관심도 많았다. 그는 로마 제국의 1인 통치자가 되려는 야심이 있었다.

기원전 49년에 폼페이우스와 카이사르가 맞붙었다. 카이사르의 군대가 폼페이우스를 이탈리아에서 몰아냈다. 폼페이우스는 소아시아로 달아난 뒤에 아들을 이집트로 보내어 군수 물자를 요구했다. 또한 자기 부대에 알렉산드리아 주둔 병사들이 합세하기를 바랐다. 클레오파트라가 보낸 답장은 다음과 비슷했다.

> 브루케이온 궁정
> '남매 사랑의 신'인 클레오파트라와
> 프톨레마이오스 즉위
> 2년 6개월에(BC 49년)
>
> 폼페이우스에게
> 이 편지를 장군에게 전하라고 아드님에게 맡겼습니다. 장군께서 이 답장을 받을 무렵이면, 장군의 부탁이 모두 처리되었을 겁

니다. 장군의 아드님에게 곡식을 모조리 긁어서 보냈습니다. 여기는 흉년으로 굶주린다는 사실을 기억해주세요. 그리고 가비니우스 휘하의 병사 500명도 딸려 보냈습니다.

장군의 충성스런 동맹자 올림

ΚΛΕΟΠΑΤΡΑ
이집트의 여왕 클레오파트라

클레오파트라가 어떻게 설득했기에 가비니우스 부하들이 알렉산드리아를 떠나 폼페이우스 휘하에서 싸우게 되었을까? 아무도 모른다. 그들에게 돈을 집어 줬나? 어쨌든 폼페이우스는 클레오파트라의 태도가 무척 흡족했다.

로마 군대막사, 소아시아
DCCV 년(BC 49년)

클레오파트라와 프톨레마이오스에게

식량은 물론이고 군대까지 보내 줘서 고맙소. 그대는 확실히 훌륭한 동지요. 그대의 도움에 감사하는 뜻으로 내 자신을 어린 프톨레마이오스의 후견인으로 임명했소.

행운을 빌며
그나이우스 폼페이우스가

폼페이우스와 율리우스 카이사르가 맞붙은 상황에서 폼페이우스를 후견인으로 내세우는 행동이 과연 잘하는 짓일까? 직업을 잃게 생긴 포티누스의 입장은 달랐다. 그리고 알렉산드리아 시민들은 붉으락푸르락 화를 냈다. 왕이 로마의 신하가 된다는 사실이 못마땅했기 때문이다.

우리 식량을 강 저편으로 팔아먹은 자는 누구?
우리 시민을 전쟁터로 내보낸 자는 누구?
그리스 왕과 여왕이 폼페이우스에게 보냈다네.
이제 폼페이우스가 손가락만 까딱해도
왕과 여왕은 또 보내겠군.

로마가 휘파람을 불면 펄쩍펄쩍 뛰어오르는 건 누구?
뚱뚱보 여왕.
여왕은 굶주리지 않았지만 난 그렇다네!

포티누스는 백성들의 분노에 힘입어 클레오파트라에게 비난의 화살을 쏘았다. 그는 모든 일이 클레오파트라의 머릿속에서 비롯되었다고 주장했다. 어린 프톨레마이오스 왕은 이 일과 눈곱만큼도 상관없다는 것을 강조했다. 알렉산드리아 시민들은 포티누스의 말에 고개를 끄덕이며 클레오파트라를 도시에서 몰아냈다.

4라운드는 포티누스의 승리로 끝났다.

이집트의 내전

클레오파트라는 자기에게 좀 더 너그러운 시골 마을로 몸을 피했다. 쫓겨났지만 완전히 굴복한 상태는 아니었다. 클레오파트라가 군대를 일으키자 포티누스와 왕이 군사를 이끌고 몰려왔으므로 이집트 내전은 코앞으로 다가왔다.

양측이 맞붙을 찰나에 로마 인들의 대규모 전투 소식이 날아왔다. 율리우스 카이사르의 가차 없는 공격에 폼페이우스는 재빠르게 달아났다. 그리고 이집트로 향했다! 기원전 48년 9월, 프톨레마이오스 왕의 군대가 해안에 머물며 클레오파트라를 칠 준비를 하는데 폼페이우스 함대가 서서히 다가왔다.

어떻게 하지? 포티누스는 이 상황이 미칠 영향을 고민하며 이런 쪽지를 썼을지도 모른다.

- 폼페이우스는 스스로 프톨레마이오스의 후견인이자 이집트의 친구라고 선포했다.
- 그렇다면 내가 프톨레마이오스의 후견인 자리에서 밀려나는 건가?
- 게다가 폼페이우스는 큰 전투에서 패배하여 율리우스 카이사르에게 쫓기는 몸이다.
- 결론: 슬슬 다른 쪽에 붙어야 하나 보다.

포티누스는 프톨레마이오스의 개인 교사인 테오도투스와 머리를 맞대고 궁리했다. 테오도투스의 말을 참고하자면 어떤 입장인지 짐작할 만하다. "죽은 자는 물지 않는다."

프톨레마이오스 왕은 두 사람의 권유에 따라 왕실 예복을 차려 입고 해변에 서서 자신의 후견인을 기다렸다.

작은 거룻배가 폼페이우스의 사령선으로 향했다. 거룻배에는 이집트 장군과 가비니우스를 섬기던 로마 군인 두 명이 타고 있었다. 포티누스는 폼페이우스가 이 로마 인들을 믿으리라 계산했다.

거룻배에 탄 세 사람은 폼페이우스만 해안가로 모시겠다고 말했다. 폼페이우스가 의심스러워 하자 두 명의 군인들은 이집트 관습이라며 해안가에 근사한 환영식을 마련했다고 설득했다. 폼페이우스는 배에 남겨진 아내 코넬리아에게 작별 인사를 한 뒤에 사다리를 타고 작은 거룻배로 내려섰다.

코넬리아는 점점 멀어져 가는 작은 배를 지켜보았다. 훗날 언니에게 당시의 상황을 전했다.

> 언니에게
>
> 얼마전에 전했던 패전 소식보다 더 끔찍한 사건이 벌어졌어요. 그나이우스가 죽었어요.
> 그이는 배에 발을 내딛는 순간 뭔가 꺼림칙했나 봐요. 잠깐 망설이는 눈치였어요. 사다리 쪽으로 손을 뻗더군요. 그러나 이미 한발 늦고 말았어요. 아킬라스가 해안가를 향해 노를 저었거든요.
> 배는 차츰 멀어져서 도움의 손길이 못 미칠 곳에 이르렀어요. 그런데 해변에 닿기 전에 밀치락달치락 소동이 벌어졌어요. 두 남자가 그이를 밀어내더군요. 이어서 무시무시한 고함 소리가 다른 쪽에서 터져 나왔어요. 이집트의 함대가 공격을 시작했지요. 우리 배 몇 척은 가라앉았고 나머지는 뿔뿔이 흩어져 달아났어요. 사이프러스에 입항하고 이틀 지나서 이 편지를 씁니다.
> 가슴이 찢어질 듯 아파서 정신을 못 차리겠어요.
>
> 비탄에 빠진 동생
> 코넬리아

당시 로마에 신문은 없었지만 만약 발행했다면 뒷이야기는 다음과 같았을 것이다.

로마군단 신문

XX/IX/DCCVI (BC 48년)

피투성이 선물

카이사르의 함대가 오늘 알렉산드리아 대 항구에 입항했다. 오늘은 그에게 맞서던 그나이우스 폼페이우스가 살해된 지 이틀째 되는 날이다. 카이사르는 폼페이우스와 맞붙으리라 예상했지만 그의 예상은 빗나갔다. 그 대신 이집트 왕의 개인 교사인 테오도투스가 피투성이 선물을 두 개 건넸다. 하나는 도장이 새겨진 반지로, 폼페이우스가 장군이자 총독임을 상징하는 물건이었다. 이어서 다른 선물을 본 순간 카이사르는 부르르 떨었다. 그건 오랜 동료의 피투성이 머리였다.

카이사르의 분노

이집트 왕은 카이사르가 소름 끼치는 선물을 기쁘게 받을 줄 알았다. 하지만 천만의 말씀이었다. "나와 폼페이우스는 갈등이 심했으나 그대는 폼페이우스를 죽일 이유가 없었다." 카이사르는 말을 이었다. "그대는 폼페이우스가 로마의 지도자라는 사실을 잊었나 보군."

테오도투스가 카이사르에게 '선물'을 건네다.

로마군단 신문

XXVIII/IX/DCCVI (BC 48년)

로마 인이 알렉산드리아에서 열병식을 갖다!

카이사르가 이집트의 수도를 행진하다.

오늘 알렉산드리아 시민들은 카이사르가 거대한 군대를 이끌고 시내를 행진하는 장면을 지켜보았다.

"로마의 장군을 죽인 자는 결코 왕이 될 수 없다."라고 카이사르는 말했다.

〈로마군단 신문〉은 이집트 백성의 분노에 대해서는 한마디도 싣지 않았다. 이집트 인들은 카이사르에게 화가 났다. 로마군은 승리를 뽐내는 태도로 행진했다. 마치 어떤 나라를 정복한 뒤에 벌이는 행렬 같았다. 이집트 인은 정복당하지 않았다.

아직 왕이 버티고 있으니 그런 행동은 얼굴에 침을 뱉는 짓이나 다름없었다. 카이사르의 앞길은 험난해 보였다.

카이사르의 일지

이집트 인들은 아주 짜증나는 인간들이군. 오늘도 반란이 일어나서 부하들에게 진압하라는 명령을 내려야 했다.

그 환관이라는 자는 겁나미가 뚝 떨어진다. 오만방자한 녀석. 우리 식사를 나무 접시에 주는 이유가 궁금했다. 그래서 이집트 인들이 사용했다는 금 접시와 은 접시는 다 어디 뒀냐고 물었다. 그놈은 뻔뻔하게도 우리가 다 뺏어 갔다고 대꾸했다. 그래서 자세히 설명해 보라고 했다. 환관은 어깨를 으쓱하더니 빚을 갚느라 로마의 고리대금업자에게 몽땅 보냈다는 거다. 겁없진 놈 같으니라고. 난 참을 수 없었다. 그래서 "돈을 빌리면 어떤 꼴을 당하는지 똑똑히 알겠군, 그렇지?"라고 내뱉었다. 그놈 말은 결코 사실이 아니다. 어디엔가 그릇들을 감춰 뒀겠지.

오늘은 그 능글능글한 놈이 갑치 나더러 로마로 돌아가라고 권했다. 그래서 네 놈이 여왕과 싸움을 끝내기 전에는 절대 못 간다고 딱 잘라 거절했다.

빌어먹을 환관 놈. 식량을 담당하는 백부장*들의 보고에 따르면 환관이 보낸 곡식에 곰팡이가 피어있다고 한다. 요즘 그 자는 날 쫓아내지 못해서 안달이다.

---

* 백부장 : 로마 군단에서 100명의 부하를 거느린 지휘관.

나로서는 여왕을 만나지 못할 이유가 없다. 내 기억으로 여왕은 평범한 꼬마였으나 갈날처럼 날카로운 지성을 갖고 있었다. 내가 여왕에 대해 물을 때마다 그 능글능글한 놈은 "여왕마마는 날 신임하지 않거든요, 장군. 날 가까이하지 않는답니다."라고 대꾸했다. 여왕의 심정을 십분 이해하겠다.

클레오파트라는 무슨 수를 쓰더라도 카이사르를 만나고 싶었다. 이번이야말로 기회였다. 남동생과 포티누스는 폼페이우스를 죽인 사건으로 비난받는 처지였다.

클레오파트라의 비밀 일기

으악, 정말 열 받는군! 난 카이사르를 꼭 만나야 해! 우리 첩자에 따르면 카이사르가 프톨레마이오스와 똥땡이 후견인을 넌더리 낸다고 한다. 포티누스는 카이사르를 모욕할수록 백성들의 사랑을 얻는다고 생각하나? 카이사르가 도와주지 않으면 기회를 놓친다는 사실을 모르는군.

카이사르와 만난다면 얼마나 좋을까. 하지만 무슨 수로? 난 로마인보다 우리 백성이 두렵다. 포티누스는 폼페이우스와 마찬가지로 나를 단칼에 끝장낼 수 있다.

<u>잠시 후</u>. 내 충성스런 측근인 아폴로도루스와 이야기를 나누었다. 그는 내가 궁정에서 카이사르를 만날 방법을 귀띔해 주었다. 그런데 위험하다. 진짜 위험천만하다. 실패한다면 난 끝장이다. 하지만 카이사르를 못 만나도 역시 끝장이다. 오늘밤에 시도하리라.

그날 밤에 작은 배 한 척이 알렉산드리아로 향했다. 배의 바닥에는 도르르 말아 둔 카펫이 있었다. 사공은 시장과 연결된 부두에 배를 묶지 않았다. 시장에는 상인들과 가게 주인들이 시끌벅적하게 싸우거나 흥정을 벌이고 있었다. 사공은 계속 나아갔고, 어두컴컴한 물에 철썩철썩 노 닿는 소리만 들렸다. 그는 배를 궁정의 선창에 묶었다. 그리고 카펫을 어깨에 둘러매고는……

클레오파트라는 마침내 궁정으로 들어가서 카이사르를 만났다. 포티누스가 엿듣기 전에 재빨리 이야기를 전해야 했다.

클레오파트라 일화는 어떻게 전해졌을까?

1. 목격담

그 당시에 실제로 클레오파트라를 보고 기록한 내용이다.

키케로는 원로원 의원이며 위대한 웅변가이자 저술가였다. 그는 변화를 싫어하는 쭈그렁 영감탱이였고 클레오파트라는 젊은 여인이었다. 키케로는 클레오파트라가 눈에 거슬렸다. 카이사르가 합리적인 로마 정치사상을 버리고 위험한 이집트의 신왕 사상에 빠진 이유를 클레오파트라 탓으로 돌렸다.

또한 **호라티우스**와 **베르길리우스**와 **프로페르티우스** 등 로마의 시인들을 들 수 있다. 그들은 아주 젊었으며, 클레오파트라를 보자마자 한눈에 반했던 것 같다. 하지만 지금까지 전해 온 기록은 클레오파트라가 로마 원로원을 위험으로 몰아넣던 시절에 쓰였다. 로마 원로원이 원수인 클레오파트라를 두고 좋은 말을 남기지는 않았으리라.

카이사르 역시 여러 사건을 기록했지만 자신의 애정 문제는 남기지 않았기에 클레오파트라에 관한 글은 하나도 없었다.

2. 클레오파트라가 죽은 후에 쓴 역사가의 기록

플루타르코스는 그리스 역사가로 《영웅전》이라는 책을 썼다. 클레오파트라보다 약 백년 후의 인물이지만 그의 가문이 율리우스와 안토니우스와 클레오파트라를 알고 지냈으므로, 그 당시 편지와 기록을 구해서 책을 완성했다. 클레오파트라에 대한 그의 설명은 워낙 생생했기에 셰익스피어는 그 부분을 자신의 희곡인 《안토니와 클레오파트라》에 집어넣었다.

요세푸스는 유대의 역사가로 《유대의 전쟁》이라는 책을 썼다. 그도 클레오파트라를 싫어했다. 클레오파트라가 유대의 왕인 헤롯을 속여서 땅을 빼앗았기 때문이다.

카이사르와 클레오파트라

어린 프톨레마이오스는 누나를 믿지 않았는데, 그렇다고 손가락질 받을 일은 아니었다. 그동안 클레오파트라는 프톨레마이오스를 깡그리 무시하고 혼자서 나라를 다스렸기 때문이다. 그러던 중에 프톨레마이오스가 클레오파트라를 몰아냈다. 하지만 클레오파트라는 금세 유리한 자리로 올라서고 말았다. 석판에 뭐라고 적혔는지 한번 읽어보자.

히히히!

젊은이들이 말하기를
율리우스 카이사르, 자넨 늙다리래.
머리까지 허옇게 세었잖아.
그런데도 우리 여왕에게 계속 들러붙어 있다니.
과연 나이에 맞는 짓이라고 생각해?

그렇다. 클레오파트라가 카펫에서 튀어나올 때부터 카이사르와 클레오파트라의 관계는 시작되었다. 물론 카이사르가 52세로 클레오파트라의 아버지뻘이라 늙수그레하고 대머리이지만 외모가 뛰어났다. 키가 훤칠했으며 눈동자는 검은색이었다. 성격이 쾌활한데다 두루두루 박식했으며 강인하고 용감했다. 무엇보다 클레오파트라의 관심을 끌 정도로 로마에서 가장 강력한 인물이었다.

카이사르 역시 클레오파트라에게 매력을 느낄 만했다. 플루타르코스는 클레오파트라를 두고 다음과 같이 설명했다.

클레오파트라의 외모는 사실 뛰어난 편은 아니었다.
그러나 그 정신에는 무릎을 꿇을 수밖에 없었다.
매력적인 화술과 더불어 말투나 행동에서 풍겨 나는
독특한 지성에 사람들은 이끌렸으며 매혹 당했다.
그녀의 목소리를 듣는 것만으로도 기쁨이었다.
마치 줄이 여럿 달린 악기와 같았으며
여러 나라의 말에 능숙해서
이방인과 대화를 할 때도
통역이 필요 없었다.

클레오파트라는 포티누스와 달리 카이사르와 마음이 잘 맞았다. 전쟁에 지친 카이사르와 총명하고 젊은 이집트 여왕은 마주 앉아서 이야기를 나누었다. 끊임없이 계속. 그러다가 서로 꼭 안아 주었다. 카이사르와 클레오파트라는 사랑에 빠졌다.

또다시 내전이

어떤 상황인지 알아차린 남동생 프톨레마이오스는 펄펄 뛰었다. 카이사르가 클레오파트라의 남자 친구가 된다면 프톨레마이오스에게 무슨 권한이 남겠는가? 화가 머리끝까지 치민 프톨레마이오스는 알렉산드리아 거리로 뛰쳐나가서 버럭버럭 화를 내고 비명을 질렀다. 포티누스가 곁에서 살살 부추기자, 프톨레마이오스는 왕관을 벗어서 바닥에 던지더니 발로 밟았다.

짜증 한 번으로 프톨레마이오스의 화가 풀릴 리 없었다. 그는 알렉산드리아 시민들이 함께 분개하여 카이사르에 대항해 주기를 바랐다.

알렉산드리아 시민들이 카이사르에게 맞서지 않자, 포티누스는 이집트 군에게 알렉산드리아와 궁정을 포위하라고 명령했다. 카이사르와 클레오파트라, 프톨레마이오스, 클레오파트라의 여동생인 아르시노에는 모두 궁정에 갇혔다. 카이사르는 어린 프톨레마이오스만 곁에 두면 된다고 생각했다. 그래야만 대규모 내전이 아니라 사소한 폭동처럼 비춰지기 때문이었다. 카이사르는 아르시노에를 두고는 조금도 염려하지 않았다.

아르시노에와 클레오파트라의 대결

클레오파트라의 여동생은 기회가 오기를 묵묵히 기다렸다. 드디어 때가 왔다. 아르시노에는 가니메데라는 환관의 도움으로 궁정을 탈출하여 이집트 군대로 갔다.

다음은 아르시노에가 병사들과 알렉산드리아 시민들에게 연설하려고 준비한 쪽지다.

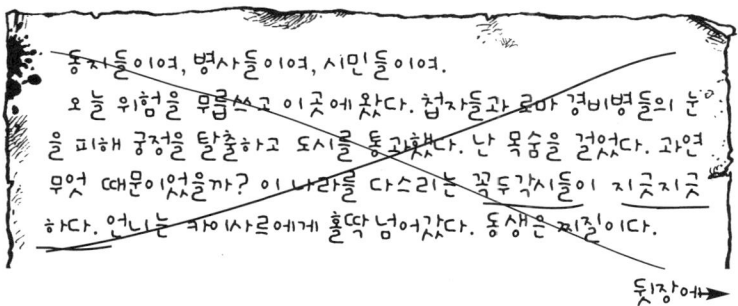

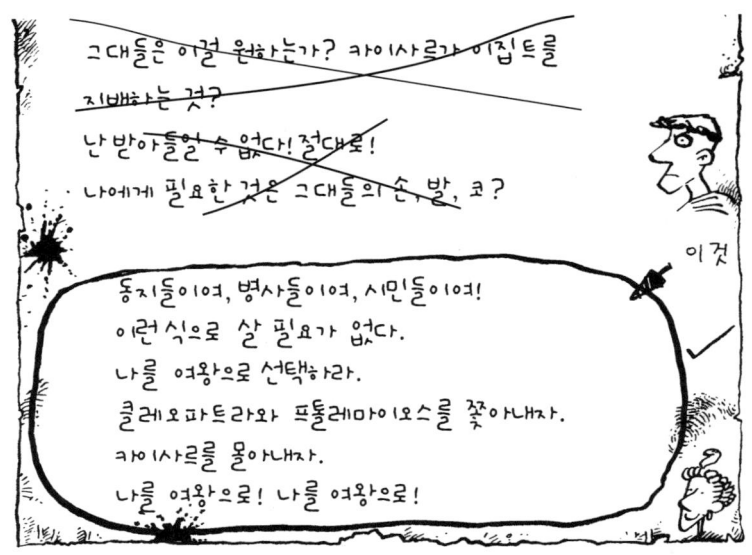

아르시노에의 작전은 착착 진행되었다. 잠깐이지만. 아르시노에는 이집트 반정부 모임을 이끌었다. 그런데 지휘관인 아킬라스와 사이가 껄끄러웠다. 아르시노에는 그의 목을 뎅강 자르고 자기 개인 교사인 가니메데 환관을 그 자리에 임명했다.

가니메데는 카이사르를 함락시킬 만한 뛰어난 계략을 떠올렸다. 그는 도시의 식수에 바닷물을 흘려보냈다.

카이사르는 똑똑한 남자였다. 지략이 뛰어난 군사인 동시에 탐험가이자 과학자였다. 그는 땅의 모양을 살펴서 물이 나올 만한 곳을 찾아냈다. 카이사르의 지시에 따라 병사들이 땅을 파자 샘물이 솟아났다.

로마의 지원 부대가 도착할 때까지 도시 안의 사람들은 버텼다. 카이사르는 로마 군이 도시로 진격했다는 소식을 들었다.

한편 궁정 뒤에서는…….

클레오파트라의 비밀 일기

드디어 포티누스가 죽었다! 아싸!

포티누스는 아르시노에에게 협조하겠다는 글을 보내다가 율리우스에게 딱 걸렸다. 율리우스는 포티누스를 즉각 처형했다.

어린 프톨레마이오스는 잠자코 율리우스의 설명을 들었다. 프톨레마이오스는 포티누스의 짓이므로 자기는 전혀 모른다고 딱 잡아뗐다. 하지만 누가 들더라도 거짓말이다.

이제 프톨레마이오스는 내 손바닥 안에 있다.

구조에 나선 로마 함대

기원전 47년에 로마 함대가 포위당한 알렉산드리아와 카이사르를 구하러 왔다. 그들은 그 유명한 파로스 등대를 재빨리 점령했다. 카이사르는 헵타스타디온, 즉 등대까지 이어지는 둑길을 차지할 목적으로 궁정에서 빠져나왔다. 둑길을 차지해야만 로마 인들이 마음 놓고 항구를 드나들 수 있었다. 그런데 카이사르에게 위기가 닥쳤다. 이집트 병사들이 로마 부대의 후방을 공격하여 길을 차단했기 때문이다. 그 뒷일은 카이사르의 입으로 직접 들어보자. 그는 《알렉산드리아 전쟁》이라는 책에 이집트 전투에 대해 조목조목 밝혀 놓았는데 자신을 제3자처럼 표현했다. 즉 '나'라는 말을 쓰지 않았다.

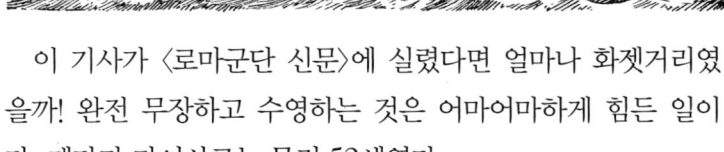

병사들이 모두 후퇴하자 카이사르도 자기 배로 물러났다. 그러자 카이사르를 따라 한 떼의 이집트 병사들이 쫓아왔다. 그들은 배가 바다로 빠져나가지 못하도록 갑판으로 몰려들었다. 카이사르는 벌어질 일을 짐작했기에 배에서 뛰어내렸고 멀리 떨어진 함대를 향해 헤엄쳤다. 그러고는 작은 배 여러 척을 보내어 위험에 처한 군사들을 구출해 냈다. 카이사르의 배는 무게를 이기지 못하고 가라앉아서 여러 명이 목숨을 잃었다.

이 기사가 〈로마군단 신문〉에 실렸다면 얼마나 화젯거리였을까! 완전 무장하고 수영하는 것은 어마어마하게 힘든 일이다. 게다가 카이사르는 무려 52세였다.

로마군단 신문

V/III/DCCVII(BC 47년)

해냈다!

몇 달 동안 질질 끌어오던 전투는 로마 함대가 알렉산드리아에 도착하여 유명한 파로스 등대를 점령함으로써 끝났다. 그들은 겨우 내내 왕궁에 붙잡혀 있던 카이사르에게 신호를 보냈다. 카이사르는 즉시 자신의 군사를 끌고 궁정을 벗어나 지원에 나섰다. 하지만 우리 병사들이 좁다란 헵타스타디온에 이르렀을 때에 이집트 병사들이 뒤에서 벌떼처럼 몰려드는 바람에 도시 진입로가 차단되었다.

카이사르의 수영이 승리를 이끌다

작은 배가 가라앉자 누군가 머리 위로 파피루스 묶음을 치켜들고 헤엄쳤다. 투구를 쓰고 완전 무장한 카이사르가 힘차게 물살을 갈랐던 것이다. 그는 쏟아지는 화살을 피해 몇 번이나 물속으로 몸을 숨겨야 했다. 이윽고 닻을 내린 사령선에 도착하자, 작은 배를 모두 보내어 물에 빠진 병사들을 구하라는 명령을 내렸다. 어둠이 내려앉을 무렵에 카이사르는 헵타스타디온을 다시 빼앗았고 이집트 군사들을 모조리 쳐부쉈다. 다시 한 번 늙은 사자는 나이가 절반인 젊은이보다 뛰어난 정신력을 과시했다. 게다가 문서까지 안전하게 챙겼다. 로마 군단은 경의를 표합니다, 장군!

카이사르, 젖었으나 승리했도다!

프톨레마이오스와 카이사르의 대결

얼마 후에 카이사르는 프톨레마이오스에게 떠나라고 말했다. 클레오파트라가 카이사르에게 졸랐을 것이다. 프톨레마이오스는 못내 아쉬운 듯 떠났지만, 문밖으로 나서기 무섭게 이집트 막사로 향했다. 프톨레마이오스는 아르시노에를 몰아내고, 가니메데를 장군 자리에서 파면시켰다. 그는 누나나 환관을 곁에 두고 싶지 않았다. 이제는 지도자가 되었으니까.

그러나 안타깝게도 로마는 병력을 강화하고 있었다. 시리아에서 떠난 대규모의 군대가 카이사르의 군대에 합세했다. 뒤이은 전투에서 로마는 이집트를 물리쳤다. 이제는 프톨레마이오스가 배를 타고 달아날 차례였다. 공포에 질린 병사 수백 명이 배에서 뛰어내렸다. 프톨레마이오스는 카이사르와 달리 결단력이 빠르지 못했다. 그는 배에 탄 사람들과 함께 물에 빠졌다.

클레오파트라는 카이사르의 승리에 기쁨을 감추지 못했으나 알렉산드리아 시민들은 썩 유쾌하지 않았다.

카이사르가 도시의 관리들을 만나고 다녔어. 지난주에 그들은 로마의 악당을 몰아내자고 주장했었지. 그런데 지금은 굽실굽실 대답만 잘 하는군. 심지어 도시의 열쇠들을 바치는가 하면 해방시켜 줬다며 고마워하는군. 구역질이 날 정도야.

그 순간 그 여자가 나타났어. 여왕 말이야. 왕실 예복을 쫙 갖춰 입고서. 카이사르가 우리를 구해낸 듯 반기더라고. 실은 자기를 구해 줬겠지. 여왕은 로마의 하인이 되는 편이 더 좋았을 테니까. 앞으로 어떤 일이 벌어질지 모르겠어. 아버지 말씀으로는 이집트가 정복당한 것은 300년 만에 처음이래.

클레오파트라는 마음껏 나라를 다스리게 되어서 좋았을지 모르지만 카이사르의 생각은 달랐다.

프톨레마이오스가 죽었으니,
프톨레마이오스여 만수무강하소서!

클레오파트라의 비밀 일기

세상에 이런 일이! 율리우스는 나더러 아기나 다름없는 프톨레마이오스와 결혼하란다! 심지어 그런 사실을 이집트 백성들에게 선포했다. 난 이미 백성들에게 남편이나 남자애는 필요 없다고 딱 잘라 말했건만. 율리우스의 마음을 바꾸려고 온갖 노력을 기울여 봤다. 율리우스가 남편이니 다른 사람은 필요 없다고 간청했다. 율리우스는 받아들이지 않았다. 자기는 결혼한 몸이라는 것을 강조할 뿐이었다. 아내를 버리면 로마 인들이 가만두지 않을 거라나 뭐라나. 그 말에 화가 머리끝까지 치밀었다. 그래서 발을 쾅쾅 구르며 다신 한마디도 않겠다고 으름장을 놨다. 그러자 율리우스는 껄껄 웃더니 내 마음이 가라앉을 때에 다시 이야기하자며 나갔다.

난 며칠 동안 토라졌으나 율리우스는 꼬맹이 프톨레마이오스에 대해 끝까지 단호했다. 율리우스는 백성들의 기대를 저버리면 안 된다고 고집부렸다. 난 백성들이 여왕의 말을 들어야 한다고 주장했다. 그는 "백성들은 그대의 지시를 따른 적이 없잖소."라고 말했다. 그건 죄다 끔찍한 능구렁이 포티누스 탓이었다.

율리우스는 이 결혼으로 소란이 잠잠해

꼬맹이 프톨

질 거라고 장담했다. 그가 이집트 관습을 존중하면 백성들도 비난을 거둘 거라고 덧붙였다.
"질투나지 않아요?"
내가 물었다.
"어리석은 소리. 열 살짜리 소년을? 형식적인 결혼이라는 것을 누가 모르나."
"하지만 난 당신을 원해요."
내가 투덜댔다.
그는 무척 다정하게 내 얼굴을 쓰다듬었다.
"나도 알지."
그가 말했다. 그러더니 내 곁에 계속 머물지 못하는 이유를 설명했다. 날 사랑하지 않아서가 아니라 제국 전체를 다스려야 하기 때문이었다.
"그럼 우리 도서관은 어쩌지요?"
내가 물었다.
그는 도서관을 애지중지했다. 우린 호머와 플라톤* 이 기록한 두루마리를 읽으며 그곳에서 몇 시간씩 함께 보냈고 세상 모든 일을 화젯거리로 삼았다. 율리우스는 침울해 했다. 그때가 그리울 것 같다며 아쉬워했다. 날 무척 보고 싶을 거라는 말도 했다.
그가 곧 떠난다는 생각에 난 서글펐다. 그 순간 멋진 생각이 떠올랐다. 율리우스에게 나일 강을 항해하자고 권했다. 아바마마가 보여 주었던 모든 장소, 즉 진짜 이집트를 보여 주고 싶었다.
처음에 그는 시간이 없다며 곤란해 했다.

---

*호머와 플라톤: 호머는 그리스 시인이며 《일리아드와 오디세이》를 썼다. 플라톤은 《공화국》을 쓴 그리스 철학자이다.

하지만 전투가 끝났으니 휴식 삼아 왕실 선박으로 여행을 떠나자는 내 설득에 솔깃해 했다. 함께 가 준다면 내가 꼬맹이 프톨레마이오스와 결혼 하겠노라는 약속도 했다.
"내가 여행을 가건 말건 그대는 꼬맹이 프톨레마이오스와 결혼해야 하오."라고 그가 말했다. 그래도 딱 잘라서 거절하지는 않았다.
분명히 그는 함께 갈 거다. 원래 재미있는 것을 무척 좋아하니까. 게다가 자신의 주장과 달리 날 떠나기 싫어한다.

클레오파트라와 꼬맹이 프톨레마이오스가 결혼을 하자, 프톨레마이오스는 이집트의 프톨레마이오스 14세가 되었다. 카이사르와 클레오파트라는 강으로 유람을 떠났으며, 아르시노에는 궁정에 갇혀 있었다.

웅장한 왕실 선박

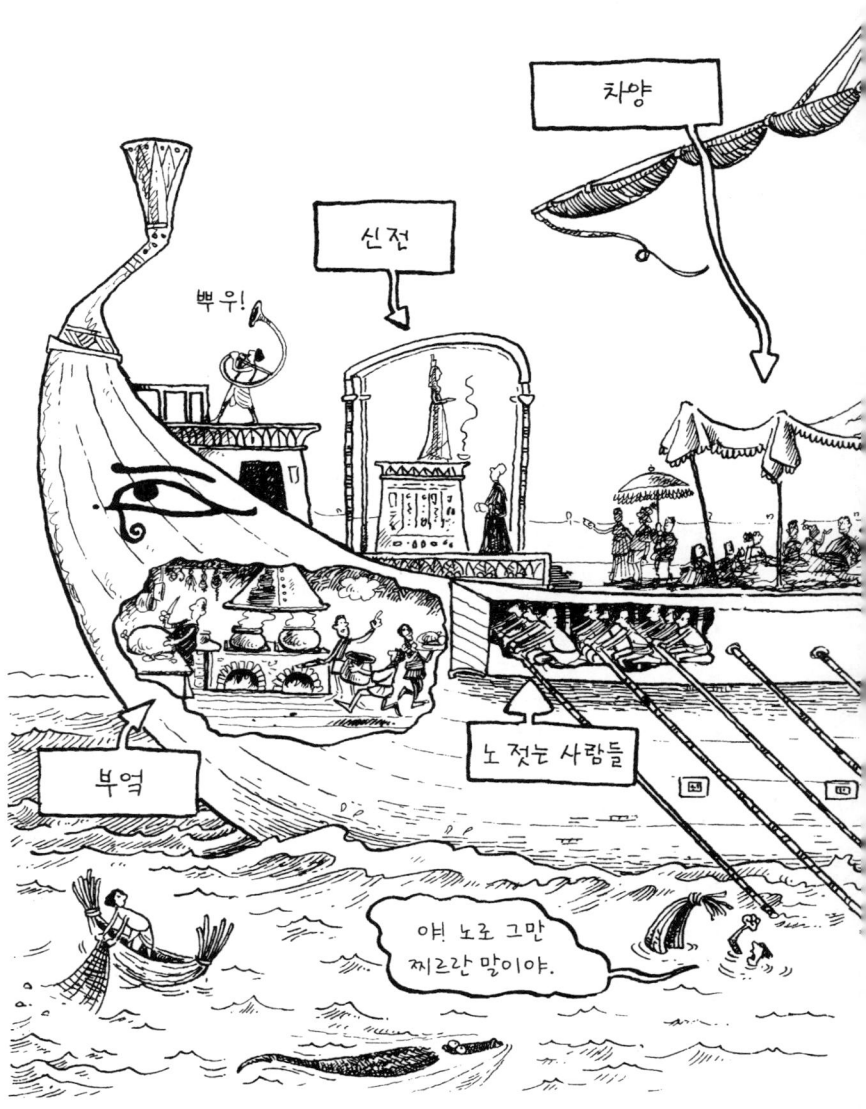

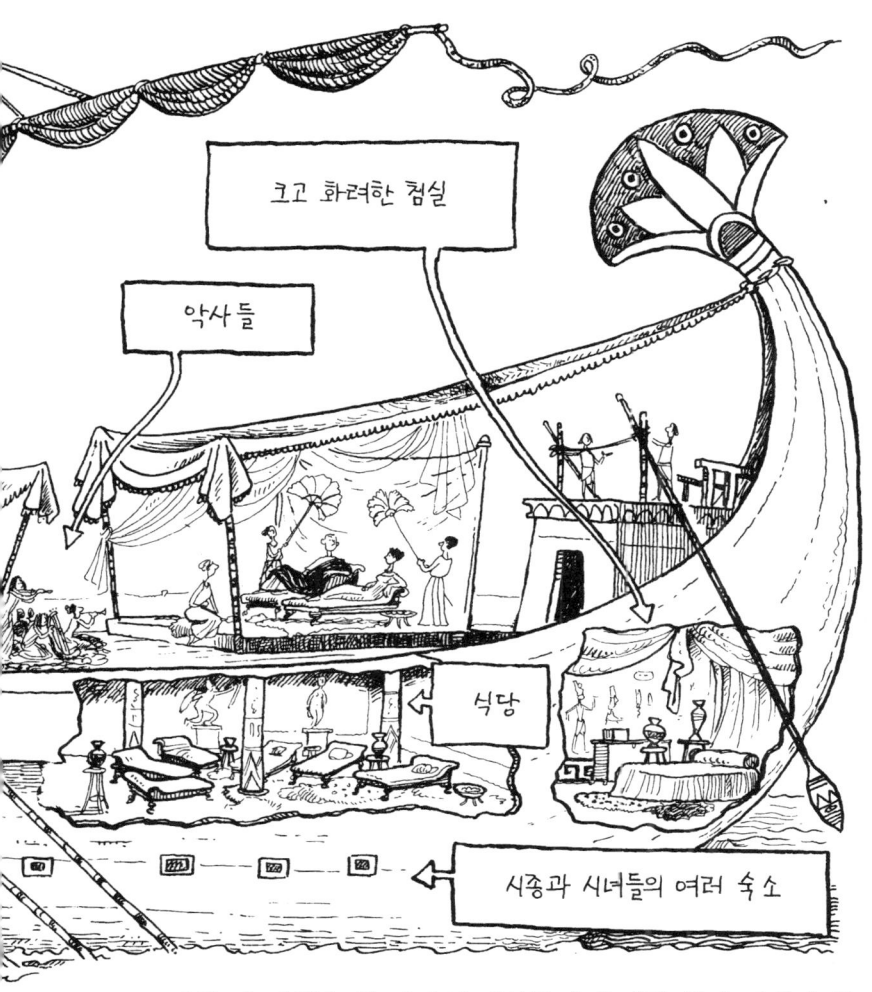

나일 강 여행은 두 나라의 정상들이 휴가를 함께 보내며 회담하는 것 같았다. 더구나 나일 강은 이집트의 주요한 교통로였기에 백성들에게 여신이자 여왕이 로마 제국의 권력가와 동맹 관계임을 보여 줄 수 있었다.

로마군단 신문

왕족처럼 대우받다!

나일 유람선 기자로부터

2년 전, 승리를 거둔 카이사르가 알렉산드리아 거리를 행진할 때는 환영받지 못했다. 그러나 활기차고 젊은 이집트의 여왕과 나일 강을 항해하는 지금 모습을 보니 당시의 기억마저 사라지는 것 같다. 카이사르는 왕처럼 대우를 받았다!

아주 굉장한 광경이 펼쳐졌다. 커다란 회의실 같은 왕실 선박에서 노 젓는 사람과 요리사와 음악가와 비서와 경호원과 시종들이 밤낮으로 바삐 움직였다. 로마 병사와 이집트 인들을 태우고 뒤따르는 배만해도 400척이나 되었다. 이번 나일 강 유람은 최고 중에 최고였다!

물에 잠긴 이집트

거대한 나일 강은 범람한 상태이다. 눈이 닿는 곳마다 물만 보일 뿐 불그스름한 절벽과 산맥 사이의 계곡은 가라앉아 있었다. 마을 전체가 잠겨서, 찰랑거리는 물결 위로 야자수의 꼭대기만 삐죽 보였다. 일행들이 지나가자, 사람들은 멀리 떨어진 강둑에 줄줄이 서서 장엄한 행렬을 지켜보며 여신인 여왕을 경배

했다. 커다란 마을에 이르렀을 때, 여왕은 백성들이 잘 볼 수 있도록 노를 저어 해변으로 다가가라고 지시했다.

올해처럼 강물이 높이 차오르는 시기에는 나일 강 유람이 흔치 않다. 하지만 카이사르는 곧 로마로 돌아갈 처지였다. 그리고 이번 유람은 충분한 가치가 있었다. 지난밤에 필레에 도착해 보니 물이 한껏 차오른 상태라서, 거대한 이시스 신전에 배를 타고 곧장 들어갔다. 그리고 횃불에 의지하여 노를 저으며 고대 신전의 기둥 사이로 빠져나갔다.

파트라는 깜박이는 횃불 아래에서 영락없는 여신이자 여왕의 모습으로 뱃머리에 자리 잡았고, 우리의 자랑스러운 로마 장군인 카이사르는 그 곁을 지켰다.

향수병에 걸린 병사들

과연 볼 만한 광경이었으나 유람이 누구에게나 즐겁지는 않았다. 카이사르는 부하들에게 처자식이 있다는 사실을 잊은 모양이다. 병사들은 오랫동안 집을 떠난 상태였다. 그들은 집으로 돌아가기를 학수고대했다. 그리고 이집트 방식에 자꾸 물들어가는 카이사르 장군이 못마땅했다. 카이사르는 로마에 있는 자신의 자리를 기억해야 한다. 그는 로마의 위대한 군인이자 시민이다. 그런데 지금은 시민에 불과하다. 카이사르는 이집트의 마법에서 벗어나야 한다. 자칫하다가는 머릿속에 왕이 되려는 꿈만 가득 찰 테니까.

이시스 여신 차림의 클레오

〈로마군단 신문〉 기자의 지적은 정확했다. 부하들은 카이사르에게 넌더리를 냈다. 클레오파트라와 즐겁게 항해하던 카이사르는 에티오피아 국경에 이르러서야 여행을 마무리 짓기로 마음먹었다.

그는 클레오파트라에게 작별 인사를 건네고 로마로 뱃머리를 돌렸다. 카이사르는 아르시노에를 데리고 갔다. 이집트 공주가 로마 장군에게 맞서면 무슨 꼴을 당하는지 아르시노에를 본보기로 삼을 작정이었다. 아르시노에는 카이사르의 개선식 행렬을 따라가야 했다. 이제는 클레오파트라 앞에서 얼쩡거리지 못하겠지. 아르시노에는 사라졌지만 반란의 조짐이 도사리고 있으므로 카이사르는 3개의 로마 군단을 남겨두어 클레오파트라를 지키도록 했다. 물론 로마에 대한 이집트의 충성심도 지켜볼 셈이었다.

클레오파트라와 로마

로마

나의 사랑하는 클레오파트라여!

그대의 소식을 듣고 정말 기뻤소. 내 나이 53세에 다시* 아버지가 되다니!!

알렉산드리아로 배를 타고 들어갈 때는 어떤 모험이 펼쳐질지 전혀 몰랐다오. 종종 그대와 도서관에서 세계 곳곳의 훌륭한 두루마리를 펼쳐들던 때를 떠올린다오. 물론 연회와 음악과 금과 그 많던 진주들도 생각나오.

우리가 처음 만났을 때에 그대는 이시스 여신의 옷을 입고 있었지. 까만 망토를 걸쳤고 무지개 색의 환상적인 드레스로 휘감았으며, 아름다운 검은 머리는 달과 독사 장식으로 꾸몄는데……

---

* 카이사르의 딸 율리아는 폼페이우스와 결혼했으며 기원전 54년에 죽었다.

로마로 돌아와 보니 하나같이 지루하고 답답하군. 처리할 일도 산더미라오. 원로원 의원들이 사사건건 시비를 걸고 시간을 끌어서 여간 골치 아프지 않다오. 이집트에서 하루 가지 않고하면 좋으련만. 로마가 공화국이 아니면 여러 모로 쉬울 텐데……. 이집트 백성들이 그대를 대하듯 로마 시민들이 날 왕으로 여겨 준다면 말이요. 물론 그대의 백성들이 전부 그런 건 아니지만! 이집트처럼 여기에 도서관을 짓고 있소. 새로운 책을 그리스와 로마 곳곳에서 모으는 중이요. 이제 신경 좀 써야 할 거요. 앞으로는 그대가 세계 최대의 책을 가진 게 아닐 테니 말이요.

그리고 테베 부근의 습지에 배수 시설을 갖추라고 명령을 내렸소. 나일 강 주변에 만든 수로와 같은 형태라오. 제대로 진행된다면 도시 주변에 기름진 농토가 생기리라 기대하고 있소.

아르시노에가 궁금하다고? 나야 전혀 만나지 못했소. 아르시노에는 지금 갇혀 있거든. 아르시노에가 하루 빨리 처형당하여 내 눈앞에서 사라져 주기만을 바랄뿐이오. 게다가 잊었나 본데 난 결혼한 남자요. 내가 관심을 쏟는 이집트 인은 그대뿐이라오.

몸을 잘 보살피시오, 소중한 이여. 로마와 이집트를 하나로 묶어 줄 우리 아기가 태어난다니 참으로 신기하오.

　　　　　　　　　　　　　　　　내 모든 사랑을 담아서
　　　　　　　　　　　　　　　　율리우스가

로마군단 신문

VIII/V/ⅮCCVII (BC 47년)

카이사르의 승리

카이사르가 시민들의 환호에 응답하고 있다.

율리우스 카이사르는 오늘 또다시 로마 거리에서 개선식을 벌였다. 지난달에 돌아온 이후로 네 번째다. 이번 개선식은 카이사르의 이집트 승리를 기념하는 행사로 무척이나 멋지고 화려했다.

또 하나의 장엄한 광경이었다. 원로원 의원들과 장군들이 먼저 등장했다. 이어서 전차에 올라탄 카이사르가 자주색 망토를 걸치고 월계관을 쓴 채 나타났다. 카이사르의 뒤에는 전차와 이동 무대가 길게 이어졌다. 이동 무대에는 파로스 등대가 세워져 있었는데, 등대의 꼭대기에서 진짜로 불길이 타올랐다.

병사들의 발자국 소리와 목소리가 들리는가 싶더니 금세 모습이 드러났다. 수백 명의 장정들이 열 명씩 나란히 서서 거리를 행진했다.

구경을 하던 몇몇 여인네들은 병사들이 카이사르와 이집트 여왕을 두고 상스러운 말을 나누자, 어린 자식들의 귀를 막았다.

쇠사슬에 묶인 공주

드디어 쇠사슬에 묶인 이집트 포로들이 나타났다. 그들은 이집트에서 보인 모습과 달리 당당해 보이지 않았다. 그들이 지나가자 군중이 소리쳤다. "저들을 죽여라, 저들을 죽여!"

포로들의 한가운데에서 아르시노에 공주가 누구의 부축도 받지 않고 걸어갔다. 아르시노에는 무거운 쇠사슬을 팔목과 발목에 칭칭 감았지만 고개만은 꼿꼿이 쳐들고 있었다.

군중들은 공주의 모습에 잠잠해졌다. 몇몇 구경꾼들은 공주를 다른 포로와 함께 걷도록 한 처사는 지나치다고 생각했다. "반란을 일으킨 이집트 인이지만 그래도 공주잖아요."라고 기혼 여성인 셉티미아 마그나가 말했다.

이름을 밝히기 거부한 남성은 "카이사르는 클레오파트라의 치마폭에 싸여있다니까. 클레오파트라의 말이라면 무조건 들어주거든. 클레오파트라는 아르시노에를 미워한다는군."

아르시노에가 고개를 꼿꼿이 쳐들고 있다.

이집트 포로들은 대부분 그날 처형당했지만 아르시노에는 예외였다. 카이사르는 아르시노에를 죽이면 인심을 잃을까 봐 걱정했으리라. 어쩌면 클레오파트라가 변심하여 로마와 공동 통치를 거부할 경우에 아르시노에를 새로운 인물로 내세울 작정이었는지도 모른다.

독수리  상식

승리

로마 장군들은 승리하고 돌아오면 기념행사를 성대하게 치렀다. 말하자면 시가행진이었으니, 병사들이 발 맞추어 거리를 지나갔고, 죄수들은 쇠사슬에 묶여 끌려갔다. 또한 피비린내 나는 전투 장면을 이동 무대에서 재현했다. 카이사르가 이집트에서 돌아왔을 때는 개선식을 네 번 치렀다. 적들을 네 번 무찔렀기 때문이다.

로마

사랑하는 클레오파트라!
 아르시노에 일은 미안하오. 아르시노에를 살려 두었으니 그대가 화를 낼만도 하지. 그런데 아르시노에를 죽였더라면 보나마나 로마의 상황이 순조롭지 않았을 것이오. 아르시노에는 죄인이지만 위엄을 갖추었으므로 에페수스 신전에서 살도록 했소. 내 장담하는데 아르시노에는 그대의 털끝 하나 건들지 못할 것이오. 따라서 그대 역시 날 들들 볶지 말구려.

나에게 새로운 애인이 생긴 것은 사실이오. 그대가 너무 멀리 있으니 나도 어쩔 도리가 없잖소. 내가 그대를 잊은 것은 절대 아니라오.

몸 성히 잘 지낸다니 다행이오. 조만간 다시 편지 쓰리다.

사랑을 담아서
율리우스가

추신: 점성술사를 몇 명 보내줄 수 있겠소? 새로운 역법을 만들고 싶은데, 도움이 필요하오. 그쪽에야말로 뛰어난 인물들이 많아서 그렇다오.

독수리 상식

로마의 역법

율리우스 카이사르는 기원전 46년에 새로운 역법을 만들었다. 역법은 그의 이름을 따서 '율리우스력'이라고 칭했다. 그의 역법이 담긴 달력은 우리의 달력처럼 지구가 태양을 도는 시간, 즉 태양년을 기준으로 삼았다. 태양년은 1년이 $365\frac{1}{4}$일과 11분이다. 율리우스는 한 해를 365와 $\frac{1}{4}$일로 줄인 뒤에 (11분은 무시하고), 4년마다 윤년을 도입하여 빠트린 $\frac{1}{4}$일을 보충했다. 그렇지만 한 해의 길이에 비해 여전히 11분이 부족했으므로, 시계가 빨리 돌아가는 꼴이었다. 윤년이 407번 지나서 1582년이 되자, 태양과 보조를 맞추려면 달력에서 10일을 건너뛰어야 했다.

오늘날 영어권의 달 이름은 로마 시대에서 유래했다. 율리우스는 30일과 31일을 번갈아서 한 달의 날수로 정했으며, 2월만 28일로 만들었다. 물론 윤년은 29일이지만. 또 자기의 이름인 율리우스(Julius)를 딴 July, 즉 7월은 당연히 31일까지 있다.

로마

사랑하는 클레오파트라!

건강한 사내아이를 낳았다니 정말 기쁘기 그지없소! 가슴이 두근거리는구려. 프톨레마이오스와 카이사르의 겹침이니 그 아이 앞에 큰 기회가 놓인 셈이오. 이 놀라운 소식을 접한 로마 인들은 언젠가 '어린 카이사르'가 이집트의 왕위에 오를 거라고 생각했다오.

나도 그 아이를 보고 싶소. 안타깝게도 할 일이 산더미라서 갈 수가 없군. 그래도 두 사람을 만나러 이집트로 건너 갈 날을 학수고대하고 있소.

그대의 좋은 친구
율리우스가

추신: 내가 그대를 잊은 것 같다고? 천만의 말씀! 그대와 같은 크기로 황금 조각상을 만들고, 이시스 의상까지 입혀 놓았지. 내 이름을 붙인 새로운 회당에 세워 놓았는데, 곁에는 비너스 여신상이 있다오.

새롭게 등장한 프톨레마이오스 카이사르

어린 프톨레마이오스 카이사르는 '카이사리온'이라고 불렸다. 클레오파트라가 그런 식으로 이름 지은 까닭은 율리우스 카이사르의 아들이라는 사실을 로마 인에게 기억시키기 위해서였다. 카이사르는 로마의 카이사리온이 이집트를 통치한다고 생각한 반면에, 클레오파트라는 이집트의 프톨레마이오스가 로마 제국을 다스리리라 예상했다.

동전은 이야기를 전한다

클레오파트라는 백성들을 염두에 두고 새로운 동전을 만들었다. 동전에는 여신 이시스가 아기인 호루스에게 젖을 먹이는 모습이 새겨져 있었다. 아니나 다를까 이시스는 23세의 클레오파트라와 흡사했다.

이집트 인, 즉 알렉산드리아 시민이 아닌 진정한 이집트 인들은 이 동전 때문에 클레오파트라를 더욱 더 신격화된 여왕으로 여겼다. 또한 아기 카이사리온은 신격화된 왕이 되었다.

하지만 프톨레마이오스 14세이자 클레오파트라의 남편인 꼬맹이 동생은 약간 불안해졌으니······.

그해에 클레오파트라는 동생인 남편과 어린 아들과 수많은 시종들을 데리고 로마에 도착했다. 선물로 건넬 보석이며 의복이며 예술 작품과 수공예품을 배에 잔뜩 실어 왔다. 로마 인들뿐만 아니라 카이사르도 깜짝 놀랐다. 카이사르의 부인인 칼푸르니아는 썩 유쾌하지 않았다.

하지만 카이사르는 세계에서 가장 막강한 인물이었다. 그는 무엇이든 내키는 대로 할 수 있었다. 그리고 클레오파트라는 외국에서 찾아온 여왕이었다. 카이사르는 클레오파트라가 시녀들과 살도록 테베 강가에 있는 자신의 웅장한 저택을 내주었다. 그는 종종 클레오파트라를 찾아갔으며, 로마 인들 역시 너도나도 그곳을 방문했다. 심지어 원로원의 키케로 의원도 클레오파트라를 거만하기 짝이 없다고 비난할 때는 언제고 몸소 찾아가기까지 했다.

사실 누구나 이집트의 이국적인 여신 여왕을 만나려고 기를 썼다. 클레오파트라는 황금 접시로 만찬을 열었으며, 최고의 학자에게도 전혀 꿀리지 않았고, 9개국어를 술술 하는 데다 마음에 드는 이에게 귀중한 두루마리나 보석을 선물로 안겨 주었다. 클레오파트라는 어마어마한 성공을 거두었다.

클레오파트라의 비밀 일기

오늘은 율리우스가 지었다는 장엄한 새 회당을 보려고 율리우스를 따라나섰다. 회당이면서도 율리우스 가족의 신당이므로 그의 이름을 따서 '율리우스 회당'이라고 부른단다. 아무래도 엄청난 비용을 쏟아부은 듯하다. 안에는 비너스 여신상이 있었는데 율리우스의 설명에 따르면 가문의 어머니라고 했다. 무척 흥미롭게도 비너스 여신 옆에 아름다운 황금 조각상이 있었다. 바로 이 몸이었다!

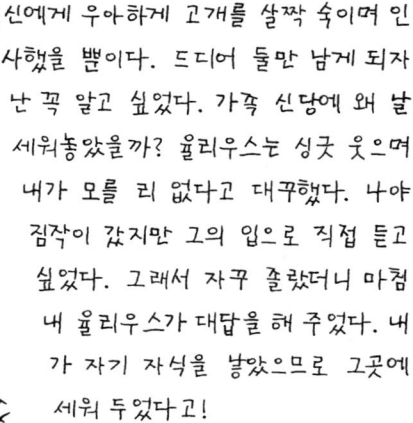

사람들 앞이라서 입도 벙긋 안 했다. 비너스 여신에게 우아하게 고개를 살짝 숙이며 인사했을 뿐이다. 드디어 둘만 남게 되자 난 꼭 알고 싶었다. 가족 신당에 왜 날 세워놓았을까? 율리우스는 싱긋 웃으며 내가 모를 리 없다고 대꾸했다. 나야 짐작이 갔지만 그의 입으로 직접 듣고 싶었다. 그래서 자꾸 졸랐더니 마침내 율리우스가 대답을 해 주었다. 내가 자기 자식을 낳았으므로 그곳에 세워 두었다고!

이 말을 듣는 순간, 가슴이 살짝 뛰었다. 우리 아들을 후계자로 삼겠다는 뜻인가?

난 너무 앞서가고 싶지 않았다. 그저 카이사리온이나 율리우스의 동상을 세우지 않은 까닭을 물어봤다. 율리우스는 모르는 소리 말라며 딱 잘랐다. 자기 회당에 본인의 동상을 세우면 끝장이란다. 로마의 원로원에서 참고 넘어갈 리가 없다는 것이다. 그들이 보기에는 율리우스 스스로 신이라고 주장하는 꼴이기 때문이다.

내 눈에는 그가 신으로 보인다고 말했다. 율리우스는 흐뭇해 했다. 아무래도 날 여전히 사랑하는 눈치다. 로마에서 날 멀리 하는 것은 정치적인 입장 때문이겠지. 나로서는 눈치 볼 원로원이 없으니 다행이다. 율리우스 역시 원로원이 없어지기를 바란다. 본인의 입으로 종종 말했다. 언젠가 율리우스 스스로 왕이라고 선포할 때가 오겠지?

공화국을 향한 율리우스 카이사르의 비판은 클레오파트라에게만 알려진 비밀이 아니었다. 그를 따르는 원로원 의원들도 알고 있는 사실이었다. 그중 몇몇은 오히려 박수를 보냈다. 그들은 거대한 로마 제국에 강력한 지도자가 필요하다는 카이사르의 의견에 동의했다.

물론 그런 주장을 질색하는 쪽도 있었다. 의원들은 카이사르의 오만이 지나치다며 그를 그릇된 길로 이끈 클레오파트라를 비난했다. 그들은 카이사르가 로마로 들여온 갖가지 이집트 사상을 혐오했다.

카이사르의 비참한 최후

기원전 44년 봄에 카이사르는 전쟁에 나갈 채비를 했다. 그는 파르티아 왕과 맞붙을 참이었다. 율리우스가 파르티아를 정복한다면 알렉산더 대왕의 제국보다 더 넓은 지역을 다스리는 셈이었다. 율리우스가 오랫동안 떠나 있어야 하므로 클레오파트라는 고향으로 돌아갈 작정이었다.

하지만 카이사르는 파르티아를 정복하지 못했다. 떠나기 이틀 전, 원로원으로 향하다가 동료 의원들의 칼에 인정사정없이 찔렸기 때문이다. 율리우스 카이사르는 목숨을 잃고 말았다.

클레오파트라의 비밀 일기

그는 갔다. 나의 보호자. 나의 동지.

그처럼 동료의 손에 죽느니 파르티아에서 죽는 편이 나았을 텐데! 어떻게 이럴 수가 있지? 그들은 그런 지도자를 다시는 못 만날 거야. 너무너무 용감하고 강인하고 똑똑했건만.

난 그가 무척 그립다. 참기 어려울 만큼 그립다.

이제 우리 아들은 어떻게 되나? 과연 어떤 일이 이 아이에게 벌어질까? 고향으로 떠나야 하지만 만일의 사태에 대비하여 머물기로 했다. 유언장이 다음 주에 발표될 예정이다. 혹시 진짜 혹시라도 율리우스가 우리 아들을 후계자로 지명했을지 모르잖아.

클레오파트라는 이집트로 돌아가지 못하고 로마에 머물렀다. 드디어 운명의 날이 다가왔다.

클레오파트라의 비밀 일기

오늘 유언장이 발표되었다. 난 아직도 믿어지지 않는다. 카이사리온에 대해서는 한 마디도 없었다. 땡전 한 푼 남겨주지 않았다. 그 대신 자기 조카의 아들인 옥타비우스에게 땅과 돈을 거의 다 물려주었다.

왜? 그는 남들의 생각 따위를 두려워할 사람이 아니다. 게다가 카이사리온이 자기 자식이라는 사실을 못 박아 두었잖아. 도대

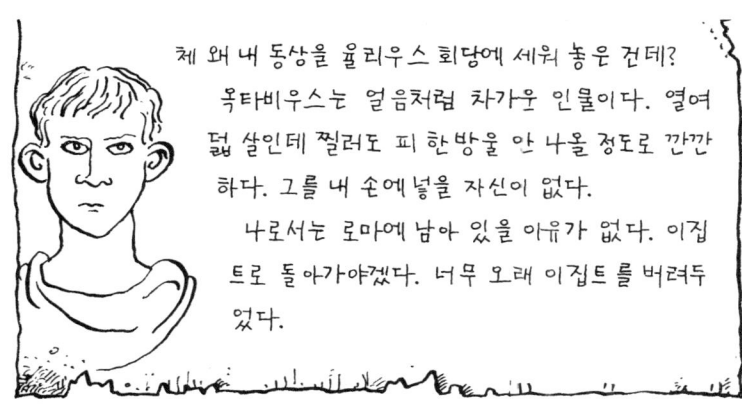

체 왜 내 동상을 율리우스 회당에 세워 놓은 건데?
옥타비우스는 얼음처럼 차가운 인물이다. 열여덟 살인데 찔러도 피 한 방울 안 나올 정도로 깐깐하다. 그를 내 손에 넣을 자신이 없다.
나로서는 로마에 남아 있을 이유가 없다. 이집트로 돌아가야겠다. 너무 오래 이집트를 버려두었다.

클레오파트라가 옳았다. 로마 황제의 어머니가 되려던 희망은 사라졌다. 게다가 보호자는 죽었고 옥타비우스는 클레오파트라에게 별로 흥미가 없어 보였다. 클레오파트라는 고향으로 돌아가는 수밖에 없었다. 과연 율리우스 카이사르가 없는데도 왕위를 지켜 낼 수 있을까?

나 홀로 집에서

처리할 사항

대추와 무화과와 올리브와 옥수수의 시장 가격 확인.

기아 비상사태 - 누가 곡식을 가져야 할지 결정할 것.

도시 노동자들의 폭동을 확인할 것 -
왜 그들이 특별세를 내야 하나?

미용사   무덤 건설*

프톨레마이오스??? - 결론을 내려?

덴데라 신전에 새로운 동상 주문.

책을 쓸 것.

국경을 강화할 것 - 어떻게??

카이사리온에게 새로운 가정 교사를 찾아줄 것!

새로운 동전 제작자 만나기

---

* 대체로 이집트 지배자들은 젊고 건강할 때부터 무덤을 짓기 시작했다.

이집트로 돌아온 클레오파트라는 애 딸린 직장 여성인지라 눈코 뜰 새 없이 바빴다.

고향을 떠난 2년 동안 나일 강은 백성들을 먹여 살릴 만큼 차오르지 않았다. 다시 말해 2년 동안 배를 곯아야 했다. 지방 관리들은 별의별 묘안을 짜 봤지만 곡식을 뚝딱 만들어 낼 수는 없는 노릇이었다.

모두를 배불릴 수 없는 상황이라 클레오파트라는 시골에서 도시로 보낼 식량의 양을 정해야 했다. 또한 누가 그 식량을 가져야 할지도 판단해야 했다. 나라 전체가 굶지 않으려면 우선 농부들이 제대로 먹고 살아남아야 했다. 클레오파트라가 과감하게 결정하자, 가장 마지막으로 밀려난 계층은 분노를 터뜨렸다.

흉년에 이어 질병이 찾아왔다. 사람들은 못 먹어서 허약한 상태였다. 결국 떼죽음을 당했다.

넷은 고꾸라지고 하나만 멀쩡하다

그때 누군가 죽음을 맞이했다. 아무도 어찌된 영문인지 몰랐지만 그가 독살을 당했다는 소문이 파다했다.

꼬맹이 프톨레마이오스는 열네 살이 되자 권리를 주장하다가, 이집트로 돌아온 얼마 뒤에 병들어 죽었다. 결국 클레오파트라의 다섯 남매 중에서 아르시노에만 목숨이 붙어 있었다.

꼬맹이 프톨레마이오스가 죽고 나자 클레오파트라는 무척 흡족했다. 왜냐하면…….

1. 어린 아들 카이사리온을 공동 통치자로 내세울 수 있었다. 클레오파트라는 어린 로마 인이 왕위에 올랐으니 로마가 이집트를 간섭하지 않으리라 기대했다.

2. 카이사리온은 고작 세 살이었으므로 클레오파트라는 앞으로도 한동안 휘저을 수 있었다.

클레오파트라와 아들의 세상

클레오파트라는 자신과 아들의 이집트 통치를 축하하는 뜻에서 거대한 사암* 동상을 덴데라 신전에 세웠다. 하나는 본인인 이시스 여신이고, 다른 하나는 성장한 카이사리온이었다.

당연히 어머니와 아들의 즉위를 상 이집트 백성에게 널리 알리는 상징물이었다.

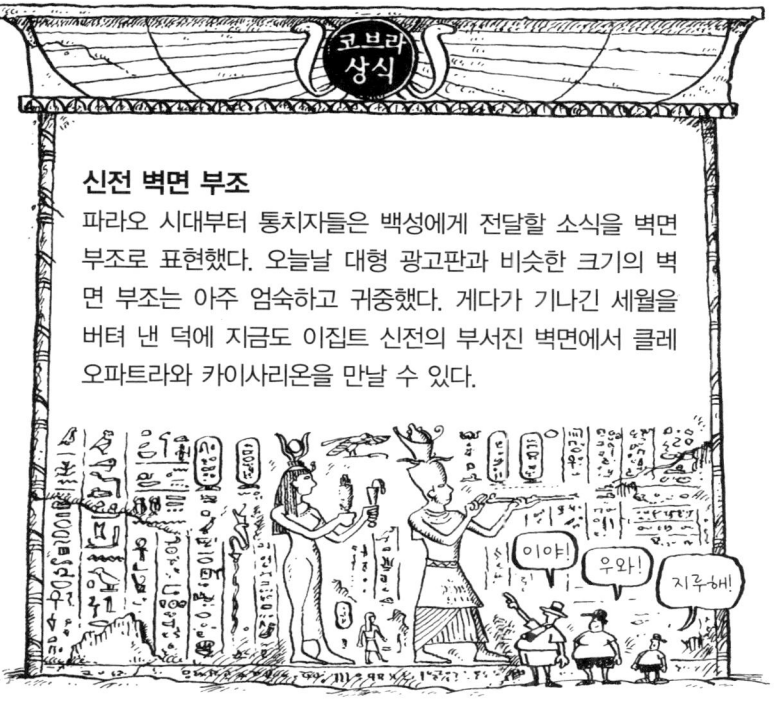

신전 벽면 부조
파라오 시대부터 통치자들은 백성에게 전달할 소식을 벽면 부조로 표현했다. 오늘날 대형 광고판과 비슷한 크기의 벽면 부조는 아주 엄숙하고 귀중했다. 게다가 기나긴 세월을 버텨 낸 덕에 지금도 이집트 신전의 부서진 벽면에서 클레오파트라와 카이사리온을 만날 수 있다.

클레오파트라는 두 팔을 걷어붙이고 나라를 다스렸다. 클레오파트라의 사업적 수완은 대단했다. 우선 아버지가 로마에 진 빚을 꾸준히 갚아 나갔다. 그런데도 오랜만에 여윳돈이 이집트

* 사암: 모래가 뭉쳐 굳어진 암석.

의 돈궤로 들어왔다.

그 당시에 인터넷이 있었더라면 클레오파트라는 주식 가격의 움직임에 신경을 곤두세웠으리라. 무엇보다 농부들이 매기는 농작물 가격을 주의 깊게 살폈다. 그리고 이웃 나라 통치자와 무역 협상을 맺었으며, 홍해와 지중해 사이에 안전한 무역항로를 마련했다. 아울러 반암 채석장을 개발하여 분홍색과 빨간색의 아름다운 돌을 캐 냈다. 반암은 화산의 용암으로 만들어졌으며 윤이 나도록 다듬어서 건물 장식에 사용했다.

클레오파트라는 또한 자문관들의 조언에 귀를 기울였다. 몇몇 훌륭한 법을 만들었고 법의 시행을 감시했다. 그 결과, 클레오파트라의 인기는 올라갔다. 이집트의 토박이 농사꾼들은 클레오파트라가 황소를 배에 싣고 신전으로 향할 때부터 호감을 느꼈다. 클레오파트라 덕분에 경제가 하루하루 나아지자 알렉산드리아 시민들조차 클레오파트라가 형편없지는 않다고 생각했다. 더구나 클레오파트라는 매력이 넘쳐흘렀고 매사에 철저했다. 그들은 슬슬 여왕이 좋아졌다.

로마의 내전은 계속되었다!

율리우스 카이사르가 음모자의 손에 살해당한 뒤로 나라 안에서 싸움이 벌어졌다. 옥타비우스 카이사르와 마르쿠스 안토니우스가 율리우스를 살해한 브루투스와 카시우스에게 싸움을 선포했다.

　클레오파트라는 십대 소녀 때부터 마르쿠스 안토니우스를 알아왔다. 안토니우스는 가비니우스와 이집트로 와서 클레오파트라의 아버지에게 왕위를 되찾아 주었다. 클레오파트라는 로마에서 살 때에 안토니우스를 몇 번 만났다. 그는 기골이 장대하고 잘생겼지만 클레오파트라를 사로잡지 못했다. 안토니우스의 관심사가 클레오파트라처럼 책이나 학문이나 과학이 아니라 술이나 여자 친구들에게 쏠렸기 때문일까? 안토니우스가 클레오파트라의 흥미를 끌 만큼 강력한 존재가 아니어서 그랬는지도 모른다.

　그런데 슬슬 변화의 바람이 불었다. 카이사르가 살해되고 1년이 지났을 때에 클레오파트라는 편지를 한 통 받았다.

이집트의 고귀한 클레오파트라 여왕이여!

아시다시피 율리우스 카이사르의 살해자인 카시우스가 소아시아의 대부분을 정복했소. 우리는 그자를 완전히 끝장내기로 작정했소. 그자를 없애도록 전함을 여러 척 보내주시오.

그럼 이만.

옥타비아누스*와 안토니우스가

클레오파트라의 비밀 일기

감히 그 따위로 말하다니. 도대체 저들이 뭐라고 이집트의 전함을 요구하는 건가? 이집트가 기근과 역병으로 시달리는지 모르나? 이런 시기에 어떻게 해군을 보낸단 말이야? 그건 로마의 싸움이니 우린 상관없잖아.

게다가 카시우스가 이기면 어쩌라고! 상대편을 도왔다가는 끝장이다.

이런 상황에서 어떻게 전함을 보내겠는가. 옥타비아누스와 안토니우스가 아무리 졸라도 난 못한다. 그런데 혹시라도 그들이 이길지 모르니, 그딴 말은 하지 않는 편이 낫다.

그럼 뭐라고 둘러대지?

입을 꾹 다무는 편이 좋겠어.

아무 대답을 안 하면…

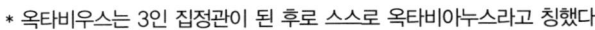

* 옥타비우스는 3인 집정관이 된 후로 스스로 옥타비아누스라고 칭했다

그러나 클레오파트라는 그 전쟁을 피할 수 없었다. 에페수스에서 여동생을 감시하는 첩자로부터 소식을 받았다.

폐하 보소서!
아르시노에가 자신을 이집트 여왕이라고 다시 선언했음을 급히 알려드립니다.
카시우스와 손을 잡았나 봅니다. 카시우스는 아르시노에가 지지해 주면 왕위를 돌려주겠다고 장담했답니다.
나쁜 소식을 전해드려서 송구하옵니다. 제발 목숨만 살려주십시오.

가장 충성스러운 시종
마르디안

클레오파트라의 비밀 일기

더는 못 참아! 카시우스가 아르시노에를 지지한다면 난 카시우스와 맞서겠다. 함대를 즉각 준비시킨 다음에 안토니우스와 옥타비아누스의 편에서 싸우겠어. 함대를 이끄는 사령선에 직접 오르리라. 로마 인들에게 내 선박을 맡길 수는 없다. 그자들이 날 공격할지도 모르니까. 아르시노에를 절대 살려 두지 말았어야 했는데. 아르시노에가 숨 쉬는 한 절대 안전하지 않다고 율리우스에게 말했건만 그는 귀담아 듣지 않았어. 내 기필코 악독한 카시우스의 숨통을 끊어 놓겠다. 아르시노에는 그 다음에 손봐 주지.

클레오파트라는 해군 사령관에게 모두 맡겨 두고 집에서 노닥거릴 여왕이 아니었다. 카시우스와 싸우려고 함대의 사령선에 몸소 올라탔다. 그렇지만 그다지 성공을 거두지는 못했다.

이집트 선원의 생생한 증언

진짜 대단한 밤이었어. 그런 폭풍우는 머리털 나고 처음이었지. 난 여왕마마와 함께 카이사리온 호에 타고 있었는데, 이젠 죽은 목숨이구나, 생각했다니까.

저녁에 썰물이 시작되자 우린 알렉산드리아를 빠져나왔어. 바람이 살랑살랑 불어오니 반갑더군. 밧줄을 풀기 전에 여왕마마가 배에 올랐어. 눈이 번쩍 뜨이더구먼. 왕실 예복 위에 갑옷을 걸쳤더라고. 배에 오르면서 우리에게 고개를 끄덕였지. 우린 호위병처럼 줄줄이 늘어섰어. 여왕마마는 확실히 다르더군. 몸에서 광채가 나는 것 같더라니까. 까만 눈동자로 넌지시 바라보면 누구라도 충성심이 불끈 치솟을 게야. 뭐 그리 아름답지는 않았지만 눈을 못 떼겠더라고.

여왕마마는 시녀들을 데리고 갑판 아래로 내려갔어. 배가 항구를 벗어나자 여왕마마가 갑판에 나와서 뱃머리로 가더군. 여왕마마는 뱃머리에 장식용으로 붙여 둔 선수상처럼 보였어. 물방울이 얼굴에 튀는데도 마냥 서 있더라니까.

드디어 바람이 뒤에서 불어왔어. 돛이 팽팽해졌지. 여왕마마는 선원들에게 우스갯말도 던졌어. 그런데 이집트 토박이처럼 우리말을 술술 늘어놓지 뭐야. 여왕마마가 그리스 인이라는 걸 깜박할 정도로 말이야. 여왕마마는 계속 항해하다 보면 날이 밝을 무렵에 카시우스와 맞붙을 거라고 말했지. 그 작자는 이집트를 위협하는 사악한 놈이라더군. 난 어쩐지 자신이 없었어. 슬슬 불어 오던 바람이 돌풍으로 변해서 배가 기우뚱거리자 괜스레 불안했어. 그때 이런 생각이 스쳤지. '물에 빠지지 않는다면 그렇겠죠, 마마.' 그렇다고 어느 누가 그런 말을 감히 꺼내겠어. 난 입도 뻥긋 안 했어.

여왕마마가 난간 밖으로 몸을 내밀더니 토악질을 하더군. 시녀들도 마찬가지였고. 솔직히 말해서 그때는 그리 고상해 보이지 않더라고.

알렉산드리아를 떠난 지 두 시간도 안 돼서 바람의 방향이 바뀌었어. 미처 못 내린 돛은 밧줄에 걸려 갈기갈기 찢어졌지. 바닷물이 왈칵 덮치자 배는 거의 80도로 기울어졌어. 내 동료

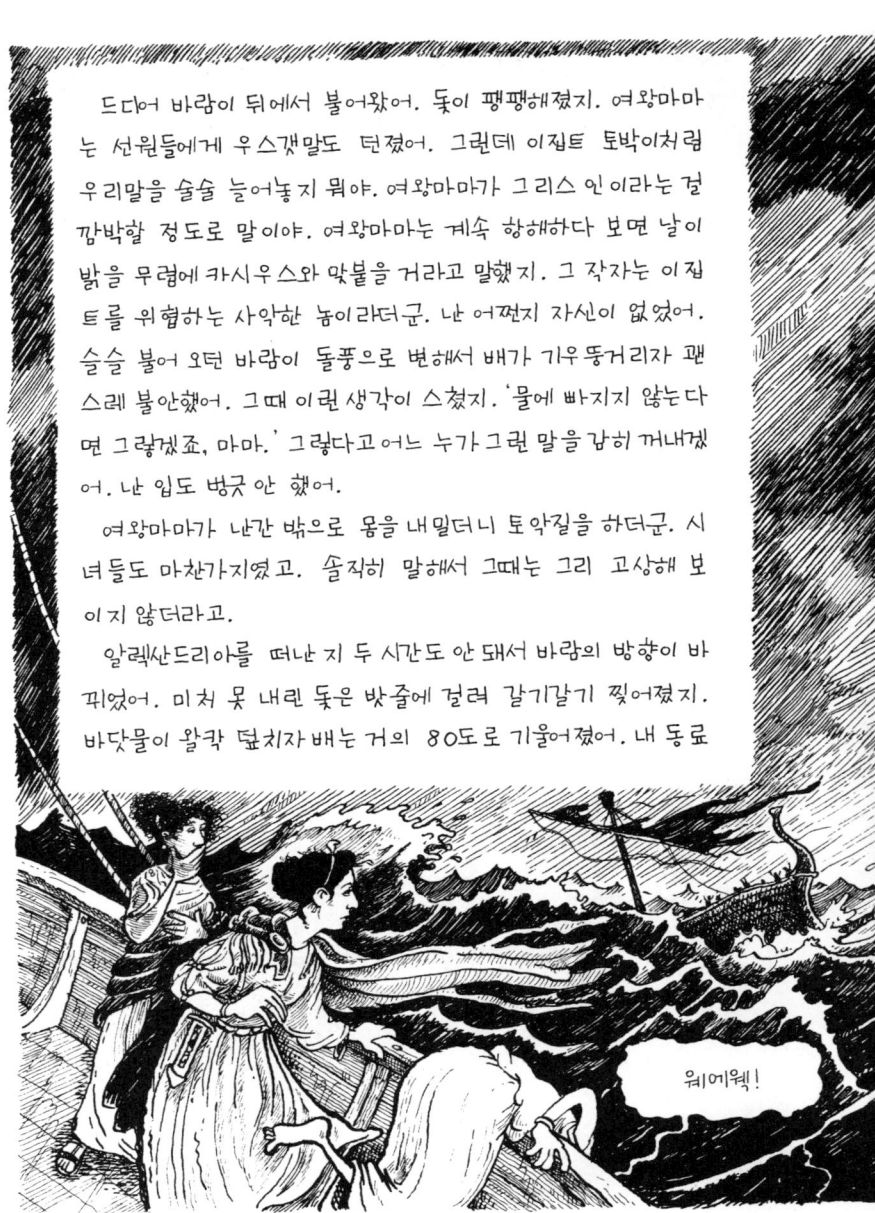

눈 자빠져서 팔이 부러졌어. 선원 두 명은 바닷물에 휩쓸려 배 밖으로 떨어졌고. 그때 여왕마마는 갑판 아래로 내려갔어. 내 곁을 지나서 말이야. 배가 이리저리 요동친 탓에 얼굴이 시퍼렇게 질려 있더군.

뒤쪽의 배들은 키를 조종하느라 안간힘을 썼지. 함대는 대형을 갖추기는커녕 뿔뿔이 흩어지고 말았어. 비가 퍼붓는데다 워낙 어두웠기에 손인지 발인지 분간이 안 되더라고. 그래도 작은 배 한 척이 절반으로 쪼개지는 걸 똑똑히 봤지. 사람들이 물에 빠졌지만 그들을 건져 낼 방법이 없더군. 배가 제멋대로 움직였거든. 우린 바람에 밀려 해안으로 되돌아왔는데 노 젓는 이들이 배의 속도를 못 늦추더라고. 파로스 등대의 불빛이 보이건만 뾰족한 수가 없더라니까. 그나마 여왕마마 덕분인지 기적이 일어나서 제대로 항구에 들어섰어. 그런데 다른 배들은 해안에 부딪쳐 난리가 났어. 그들은 살아남지 못했지.

"안전하게 돌아오느라 수고했도다." 여왕마마는 배가 정박하자 조타수에게 말을 건넸어. 얼굴은 여전히 백지장처럼 하얗게 질려 있더군. 그 밤을 못 넘기리라 생각했겠지. 우리도 마찬가지였거든.

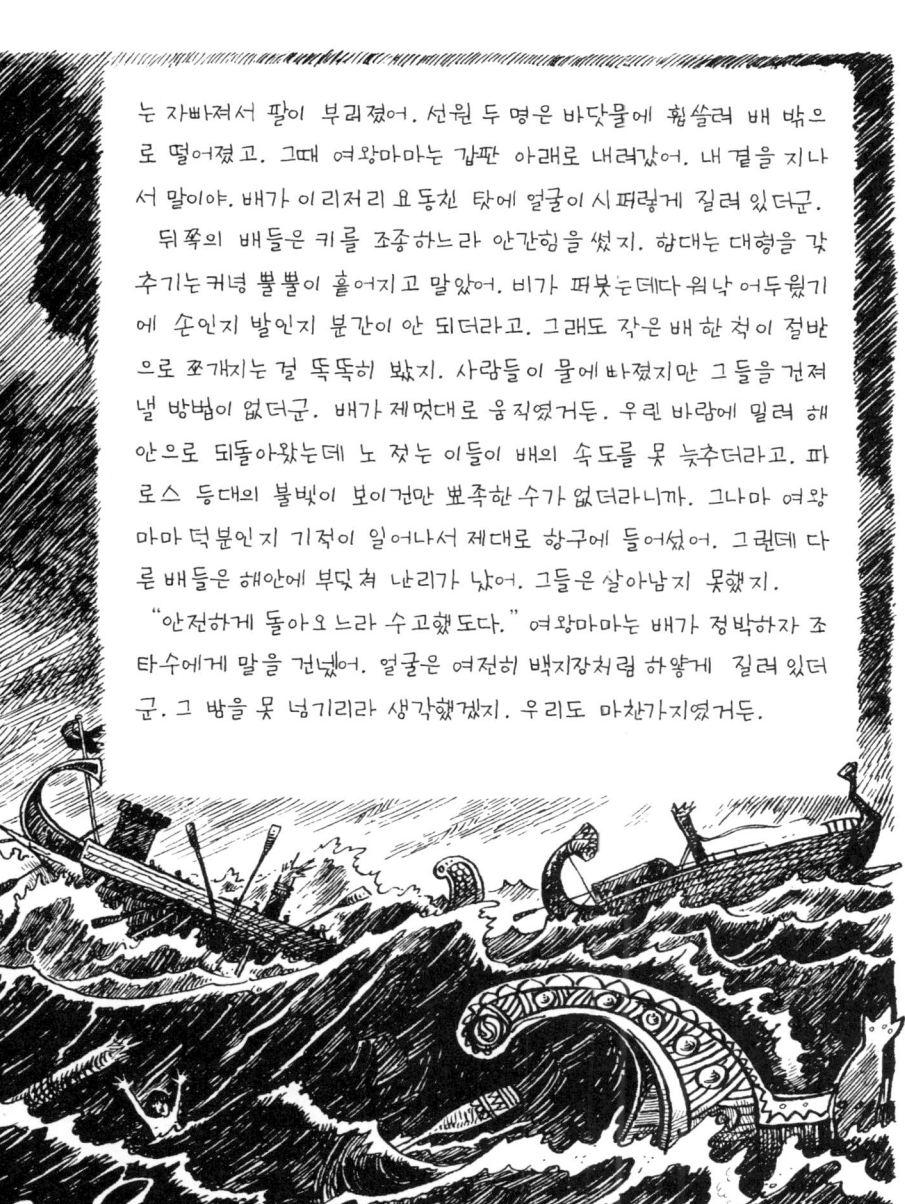

마르쿠스 안토니우스와 옥타비아누스는 클레오파트라의 도움 없이 카시우스를 해치웠다. 한편 두 사람은 마음이 맞지 않았기에 각자의 길을 가기로 타협했다. 옥타비아누스는 제국의 절반인 서쪽을 다스리고 안토니우스는 동쪽을 갖기로 했다.
　클레오파트라는 이 소식에 가슴을 쓸어내렸다. 안토니우스가 협상의 상대였기 때문이다. 클레오파트라는 옥타비아누스보다 안토니우스가 편했다. 옥타비아누스는 클레오파트라가 종조부인 카이사르의 자식을 낳은 것 때문에 몹시 불쾌해 했다. 그렇지만 안토니우스 역시 클레오파트라에게 아주 호의적이지는 않았다. 위급한 시기에 클레오파트라가 전함을 보내지 않아서 괘씸했다. 안토니우스는 클레오파트라의 함대가 폭풍우에 난파되었다는 사실을 몰랐다. 안토니우스는 클레오파트라를 불러들여서 누가 한 수 위인지 보여 줄 생각이었다.

안토니우스와 클레오파트라

그녀가 탄 배는 빛나는 옥좌와 같이 물 위에서 반짝였네.
배의 선수는 금으로 칠해져 눈부셨고
자줏빛 돛은 얼마나 향기로운지 바람도 머물렀다네.
피리 가락에 맞춰 은 노를 저으니
빠른 속도로 강물은 흘러갔다네.
그녀의 자태는 어떤 말로도 표현할 수 없었네.
그녀는 금실로 짠 곳에 가만히 누워서….

셰익스피어가 자신의 희곡인 《안토니와 클레오파트라》에서 타르수스에 도착한 클레오파트라를 이와 같이 표현했다. 셰익스피어는 플루타르코스가 적은 글을 그대로 옮겼으며 플루타르코스는 목격자의 말에 따라 기록했다. 뱃머리가 금박으로 입혀진 배와 자줏빛 돛을 비롯하여 금색 천으로 만든 차양 아래에 앉은 클레오파트라까지 무척이나 생생하다.

클레오파트라는 안토니우스를 여러 달 기다리게 했다. 뭐 의상업자를 구하느라 그랬는지도 모르지만, 안토니우스가 부르자마자 달려오지는 않았다. 그녀가 도착하자, 모습이 드러나기도 전에 향기가 코를 찔렀다. 갑판에는 꽃잎들이 가득 쌓여 있었다.

이 광경을 보려고 너도나도 앞다퉈 강둑으로 달려왔다. 안토니우스는 홀로 광장에 거만하게 앉아서 클레오파트라가 무릎을 꿇으러 오기만을 기다렸다.

그런데 곧 안토니우스는 굳이 그럴 필요가 없다는 생각이 들었다. 그래서 클레오파트라를 만나러 발걸음을 옮겼다.

강둑에 도착한 안토니우스 역시 다른 사람과 마찬가지로 눈이 휘둥그레졌다. 클레오파트라의 시녀들이 여신과 인어 차림으로 선원들 대신 배의 밧줄을 붙잡고 있었다. 큐피드 모습의 어린 남자애들은 클레오파트라를 둘러싸고 있었다. 클레오파트라의 자태는 환상적이었다.

드디어 안토니우스와 클레오파트라가 시드누스 강과 접해 있는 타르수스에서 만나게 되었다. 수세기 동안 타르수스는 사랑의 여신인 아프로디테가 디오니소스 신을 만난 장소로 알려져 왔다. 클레오파트라는 아프로디테처럼 차려입었다. 감 잡았겠지? 그러면 디오니소스 역할은 어떤 인물에게 맡겨야 할까? 안토니우스는 그런 쪽이라면 꽤 자신 있었다.

플루타르코스는 그 후의 상황을 다음과 같이 전하고 있다.

> 안토니우스는 클레오파트라를 저녁 식사에 초대했지만 클레오파트라는 안토니우스가 오는 편이 낫겠다고 여겼다. 안토니우스는 클레오파트라의 제안을 공손히 받아들여서 먼저 찾아갔다. 그는 자신을 위해 준비한 만찬을 보고 입이 벌어졌다. 무엇보다 수많은 등불과 횃불을 보고 놀랐는데, 동그라미와 네모 모양으로 공들여 꾸며 놓아서 그 화려함에 눈이 부시고 숨이 멎을 듯했다. 이튿날, 클레오파트라를 초대한 안토니우스는 웅장하고 우아한 만찬으로 클레오파트라의 코를 납작하게 해주리라 마음먹었다. 그러나 안토니우스는 도저히 클레오파트라를 따라잡을 수 없었다. 그래서 오히려 특유의 호탕함으로 자신의 초라한 잔치를 조롱하고 나섰다. 안토니우스가 군인답게 쾌활하고 대범하고 씩씩한 모습을 보이자 클레오파트라는 그의 말투를 대담하게 흉내 내며 한껏 흥겨워했다.

즉 우람하고 대담하고 용감하고 관대한 안토니우스는 클레오파트라의 마법에 걸려들고 말았다. 로마 인들은 열불이 났다. 그들은 클레오파트라의 행실이 헤프다고 입방아를 찧었다. 그렇다고 클레오파트라의 애정 행각이 문란했던 것은 아니었다. 평생 동안 남자 친구라고는 두 명 뿐이었다. 그저 둘 다 최강남(최고로 강력한 로마 남자)인 데다 그들과 클레오파트라가 혼인하지 않았다는 점이 문제였다.

클레오파트라가 최강남을 원했던 이유는 로마와의 친밀한 관계가 이집트의 자유를 보장했기 때문이다. 안토니우스가 가비니우스 휘하의 장군으로 지냈다면 클레오파트라는 안토니우스를 거들떠보지도 않았을 것이다. 그리하여 안토니우스와 클레오파트라는 세기적인 연애 사건의 주인공이 되었다.

정말 둘은 사랑했을까?

처음에 클레오파트라는 머릿속으로 주판알을 열심히 튕겼을 것이다. 그래서 안토니우스의 사랑을 얻고자 유혹했을지 모른다. 그러다 나중에는 둘 다 진정으로 사랑했으리라. 하지만 안토니우스와 클레오파트라는 연인 관계 이상이었다. 두 사람은 각 나라의 대표로서 정치적 동맹을 맺은 사이였다. 그것을 증명이라도 하듯 처음에는 한 치의 양보도 없이 서로 팽팽하게 맞섰다.

 클레오파트라는 안토니우스와 함께 고향으로 돌아갔으며 아르시노에는 목이 잘렸다. 안토니우스와 클레오파트라는 맘껏 즐겼다. 밤마다 서로 잔치를 열어서 누가 더 사치스런 식사를 차리는지 경쟁했다. 때로는 시내로 구경을 나갔다. 안토니우스는 노예 차림으로 서민들의 집을 슬쩍 들여다보는 취미가 있었다. 클레오파트라는 하녀처럼 입고 안토니우스를 따라다녔다. 안토니우스는 종종 술에 취해서 주먹다짐을 벌였지만 알렉산드리아 시민들은 오히려 그런 안토니우스를 좋아했다. 또한 안토니우스를 따라 대담하게 모험에 나선 여왕도 싫지 않았다.

한편 로마에서는 새로운 연인을 두고 별별 소문이 떠돌았다. 다음에 나오는 몇 가지 이야기들은 과연 참일까? 거짓일까?

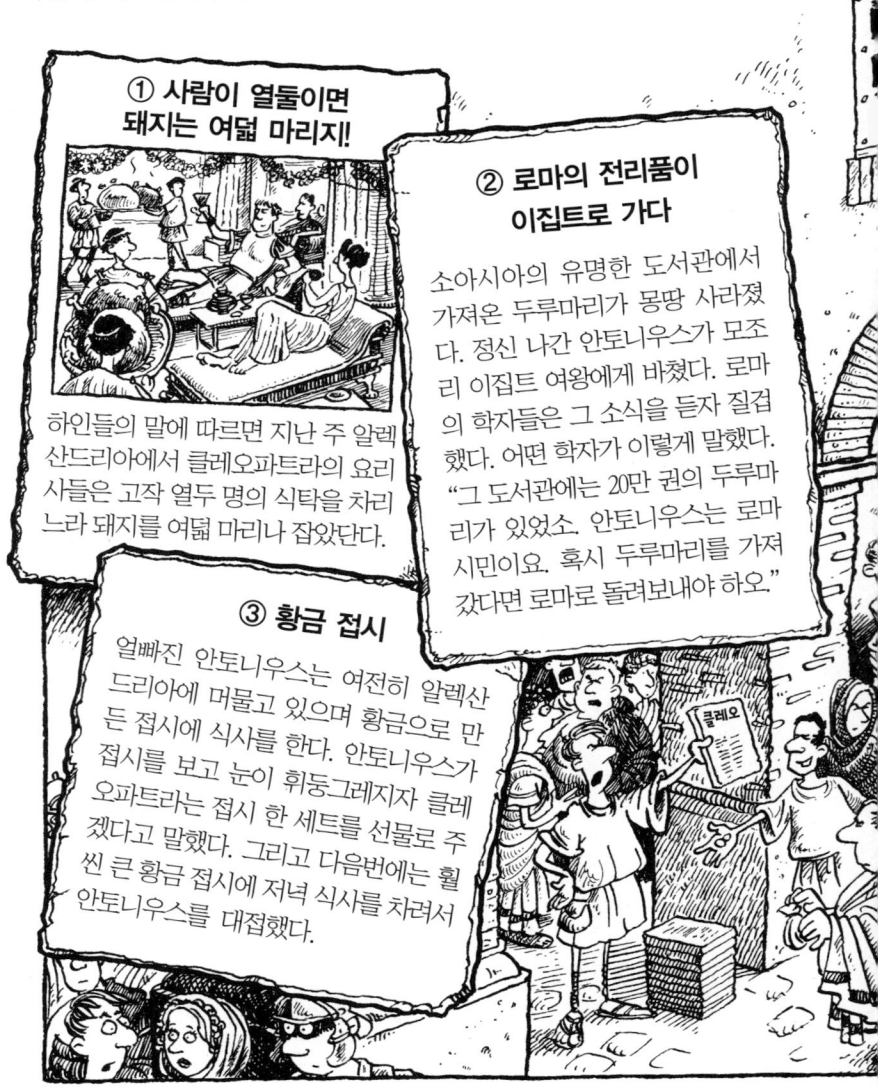

① 사람이 열둘이면 돼지는 여덟 마리지!

하인들의 말에 따르면 지난 주 알렉산드리아에서 클레오파트라의 요리사들은 고작 열두 명의 식탁을 차리느라 돼지를 여덟 마리나 잡았단다.

② 로마의 전리품이 이집트로 가다

소아시아의 유명한 도서관에서 가져온 두루마리가 몽땅 사라졌다. 정신 나간 안토니우스가 모조리 이집트 여왕에게 바쳤다. 로마의 학자들은 그 소식을 듣자 질겁했다. 어떤 학자가 이렇게 말했다. "그 도서관에는 20만 권의 두루마리가 있었소. 안토니우스는 로마 시민이오. 혹시 두루마리를 가져갔다면 로마로 돌려보내야 하오."

③ 황금 접시

얼빠진 안토니우스는 여전히 알렉산드리아에 머물고 있으며 황금으로 만든 접시에 식사를 한다. 안토니우스가 접시를 보고 눈이 휘둥그레지자 클레오파트라는 접시 한 세트를 선물로 주겠다고 말했다. 그리고 다음번에는 훨씬 큰 황금 접시에 저녁 식사를 차려서 안토니우스를 대접했다.

④ 여왕이 진주를 마시다

어제 저녁, 사치스러운 클레오파트라의 낭비벽은 극에 달했으니 이집트 여왕이 진주를 마셨다!
여왕이 만찬에 돈을 물 쓰듯 낭비하자 안토니우스는 놀라면서 비용을 물었다. 여왕은 별 것 아니라고 대꾸하며 다음번에 쓸 금액을 일러 주었다. 안토니우스는 '불가능하다'고 말했다.

다음번 만찬에서 클레오파트라는 진주를 가져오라고 시켰다. 그리고 진주를 포도주 잔에 떨어뜨렸다. 진주가 녹아들자 클레오파트라가 그 포도주를 마셨다.

⑤ 안토니우스가 연애편지를 읽느라 왕들을 무시하다

로마의 안토니우스는 어제 각 지역의 왕들과 왕자들을 재판하는 도중에 클레오파트라의 연애편지를 읽느라 잠시 멈췄다. 안토니우스가 사건 처리를 중단하자 변호인들은 거세게 항의했다. 이 모든 소동은 클레오파트라가 보낸 사신 때문이었다. 사신이 안토니우스에게 전달한 것은 클레오파트라의 짧은 글이었다. 글은 무지무지 값비싼 수정에 적혀 있었다.

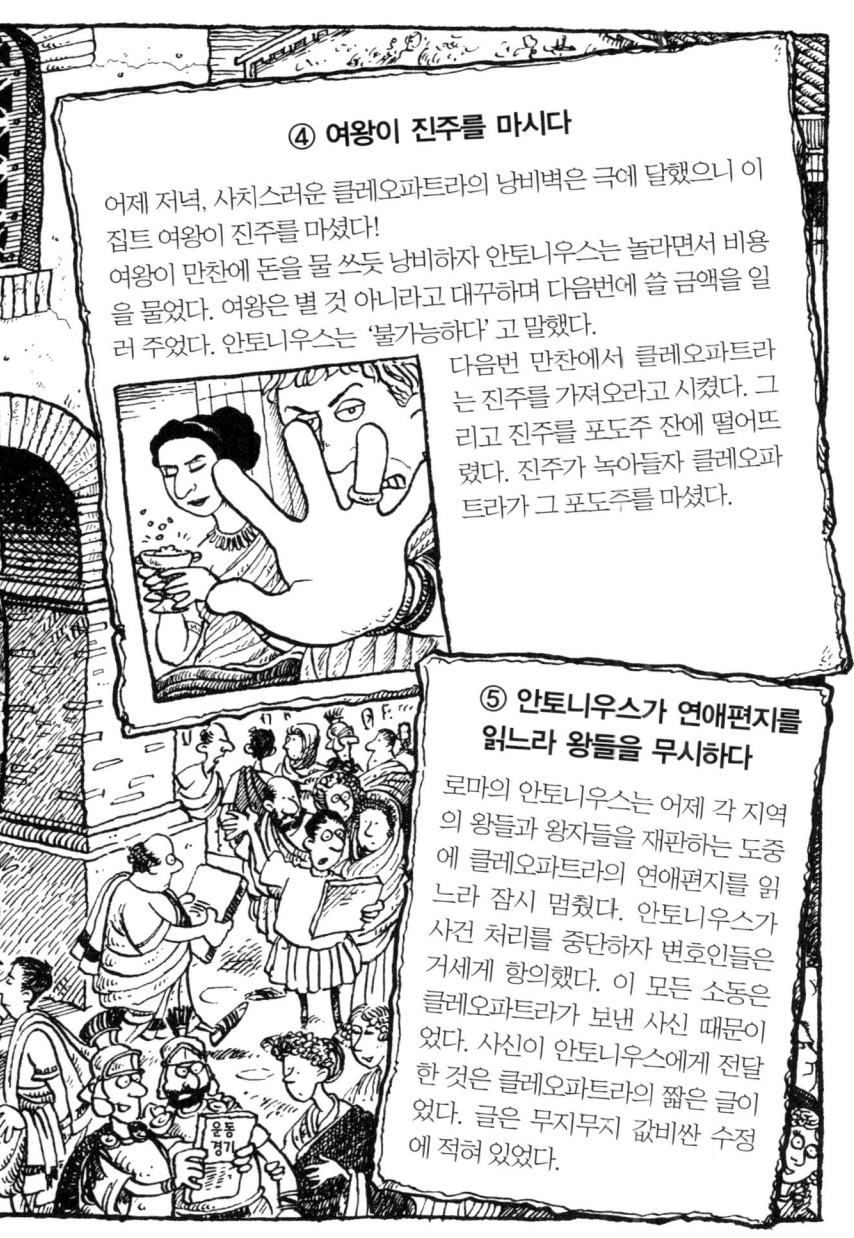

정답:

1. 글자 그대로 사실이다. 요리사들은 조금씩 시간 차를 두고 돼지를 요리했다. 그래야만 여왕이 아무리 식사를 늦추더라도 완벽한 돼지구이를 즉시 내놓을 수 있었다. 손도 안 댄 돼지는 어떻게 처리했을까? 요리사들이 커다란 봉지에 싸서 집으로 가져갔을지도 모른다.

2. 사실이다. 안토니우스는 클레오파트라에게 페르가몬 도서관에 있던 자료를 죄다 넘겨주었다. 안토니우스 자신은 글 읽기에 별 관심이 없었지만 클레오파트라가 책을 사랑한다는 것은 알았다.

3. 사실일 것이다. 어마어마한 재산과 아낌없이 돈을 뿌리는 성격도 클레오파트라의 매력이었다. 물론 마음이 내켜야 돈을 뿌렸지만 말이다.

4. 완전히 거짓이다. 진주는 포도주에 녹지 않는다. 그리고 진주를 녹이는 물질은 마실 수 없다. 클레오파트라가 안토니우스를 슬쩍 속였을지도 모른다. 어쩌면 진주를 삼킨 뒤에 다른 쪽으로 나올 때까지 기다렸겠지! 하지만 누구도 의심하지 않았기에 클레오파트라는 '진주를 마시는' 여왕으로 소문이 나며 신비롭게 비춰졌다.

5. 어느 정도 사실이다. 안토니우스는 지루한 소송보다는 클레오파트라의 연애편지에 눈길이 쏠렸으리라. 그렇지만 클레오파트라가 수정을 연애편지로 사용했을 리는 없다. 수정에 글을 쓰려면 시간을 엄청 많이 쏟아야 하기 때문이다.

로마 인들이 보기에 안토니우스는 원래 성실했다. 그러던 안토니우스가 삐뚤어지자, 사악하고 쾌락만 쫓는 이집트 여왕 탓으로 돌리고 싶었다. 하지만 플루타르코스에 따르면 꼭 그런 것만은 아니었다.

클레오파트라와 안토니우스는 날마다 햇볕과 바다와 모래와 낚시를 즐겼다. 그날도 두 사람은 여느 때처럼 강으로 갔다. 클레오파트라는 시종에게 명령하기를 안토니우스가 눈치 못 채게 소금에 절인 생선을 낚싯대에 끼우도록 했다. 시종이 줄을 당기자 안토니우스는 물고기를 잡은 줄 알고 죽은 생선을 들어 올렸다. 클레오파트라와 안토니우스를 비롯하여 다들 그 모습에 웃음을 터뜨렸다. 그때 클레오파트라가 꺼낸 이야기는 무척 흥미롭다.

다시 말하자면 '그만하면 충분히 놀았어요, 안토니우스. 당신의 업무에 충실하셔야죠.' 라는 뜻이었다.

과연 관계의 끝은 어땠을까?

안토니우스와 클레오파트라는 즐거운 시간을 한껏 누렸으리라. 하지만 사소한 걸림돌이 있었다. 안토니우스는 결혼한 상태였다.

안토니우스의 부인인 풀비아는 무척 으스대는 여성이었다. 안토니우스는 풀비아가 탐탁지 않아서 집에 돌아가기를 꺼려 했다. 그런데 로마에서 소식이 날아왔다. 풀비아가 옥타비아누스와 내전을 시작했다는 내용이었다. 옥타비아누스 역시 안토니우스처럼 로마를 공동으로 통치하고 있었다. 안토니우스는 그 사태를 해결하러 떠났다. 그가 로마로 돌아가 보니 옥타비아누스는 이미 풀비아를 쳐부수고 이탈리아에서 몰아낸 상태였다. 풀비아는 얼마 지나지 않아 그리스에서 숨을 거두었다. 따라서 안토니우스는 결혼에서 벗어난 몸이 되었다.

그런데 옥타비아누스 여동생의 남편이 갑자기 사망했다. 옥타비아누스는 안토니우스와 동맹 관계를 맺는 동시에 사악한 이집트 여왕을 제거할 만한 묘안을 떠올렸다. 안토니우스가 자기 여동생과 결혼하지 말란 법이 있나?

"좋은 생각일세."라고 안토니우스가 동의한 것은 옥타비아누스의 기분을 거스르기 싫었기 때문이다. 그 당시 로마 인은 로마 인과 결혼해야 했으므로 안토니우스는 클레오파트라와 맺어지지 못할 사이였다. 물론 안토니우스는 클레오파트라가 얼마나 불쾌해 할지 짐작이 갔다. 더구나 그가 떠날 때에 클레오파트라는 임신 중이었다.

사랑하는 클레오파트라에게

그대가 이 편지를 받을 즈음에 난 결혼한다오. 부디 화내지 마시오. 옥타비아누스와 평화를 유지하려면 결혼만이 최선이오.

풀비아가 일을 엉망진창으로 만든 탓에 내가 확실한 태도를 취해야만 옥타비아누스의 신임을 얻을 수 있다오. 내가 옥타비아누스의 여동생을 거절한다면 그는 모욕감을 느낄 거요. 그대는 로마 인이 아니니 어차피 우린 결혼할 수 없잖소.

난 그대에게 가졌던 감정을 옥타비아누스의 여동생에게는 전혀 못 느낀다오. 그대와 보냈던 지난 몇 달이 내 평생 가장 즐거웠던 시간이었소. 내가 얼마나 그리워하는지 그대는 짐작도 못할 거요. 앞으로 우리 각별한 친구가 됩시다.

사랑을 담아서
안토니우스가

아니나 다를까 클레오파트라는 펄펄 날뛰었다. 누구든 안 그러겠는가? 안토니우스는 1년 넘게 클레오파트라의 애인이었다. 클레오파트라의 배 속에는 안토니우스의 아이도 있었다. 무엇보다 클레오파트라의 원대한 야망에는 안토니우스가 필요했다. 클레오파트라는 결혼을 통해 로마와 우방이 되기를 바랐다.

클레오파트라의 비밀 일기

어떻게 이럴 수가 있어! 어떻게! 내가 아니라 옥타비아누스의 여동생과 결혼하다니. 도저히 믿기지 않아! 날 사랑한다고 말했으면서. 지금도 그는 날 사랑해. 그런데도 옥타비아누스에게 잘 보이려고 날 헌신짝처럼 버린 채 따분하기 짝이 없는 로마 미망인과 결혼하다니.

그러고는 둘이서 아테네에서 살 예정이라니. 어떻게 그가 이런 것을 하지? 작년에 아무 일도 없었다는 듯 굴다니. 그럴 순 없어. 우리 아이가 증거야. 아기가 태어나면 보고 싶겠지.

어쨌든 난 그를 사랑하지 않았어. 덩치만 크고 아둔한 곰 같으니라고. 멍텅구리! 사기꾼! 술주정뱅이! 학문과는 아예 담을 쌓고 사는 인간! 그런 인간은 차라리 없는 편이 나아.

그의 궁정에 첩자를 보내겠어. 점성술사가 좋겠군. 안토니우스는 미신에 빠져 있으니까.

이집트에서 쓴 편지 - 보낸 것과 보내지 않은 것

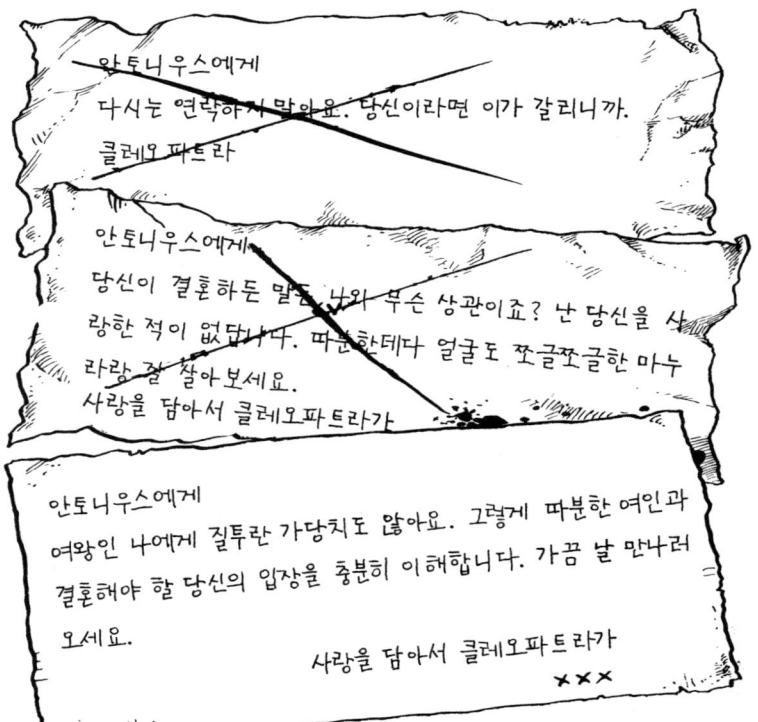

안토니우스에게
다시는 연락하지 말아요. 당신이라면 이가 갈리니까.
클레오파트라

안토니우스에게
당신이 결혼하든 말든 나와 무슨 상관이죠? 난 당신을 사랑한 적이 없답니다. 따분한데다 얼굴도 쪼글쪼글한 마누라랑 잘 살아 보세요.
사랑을 담아서 클레오파트라가

안토니우스에게
여왕인 나에게 질투란 가당치도 않아요. 그렇게 따분한 여인과 결혼해야 할 당신의 입장을 충분히 이해합니다. 가끔 날 만나러 오세요.
사랑을 담아서 클레오파트라가
×××

클레오파트라는 역시 남달랐다. 기원전 40년에 안토니우스의 자식을 쌍둥이로 낳았다. 아이들의 이름은 클레오파트라와 알렉산더였다. 클레오파트라는 알겠는데 왜 프톨레마이오스가 아니고 알렉산더냐고? 이미 다른 프톨레마이오스가 있었기 때문이다. 클레오파트라와 율리우스 카이사르 사이에서 낳은 아들인 어린 카이사르 말이다.

클레오파트라가 안토니우스를 다시 만나기까지는 3년이 걸렸다. 안토니우스는 옥타비아누스의 여동생인 옥타비아와 아테네에서 살았다. 클레오파트라는 점성술사를 그의 궁정에 첩자로 보내어 그쪽 상황을 보고하도록 했다. 점성술사가 매일 소식을 전했으므로 클레오파트라는 최근 소식까지 훤히 알고 있었다.

클레오파트라는 분하고 속상했지만 그렇다고 평생 애태우며 살 수는 없었다. 클레오파트라로서는 다스려야 할 나라가 있었다. 관심을 끄는 일들도 주변에 많았다. 서적을 읽고 또 읽었다. 과학을 연구했다. 때로는 아이들을 돌보기도 했다.

다음은 클레오파트라가 이루어 낸 결과물들이다.

- 화장에 관한 책
- 산부인과(여성 의학)에 관한 책
- 도량형에 관한 책
- 자신의 무덤으로 사용할 대형 건축물의 설계와 건설

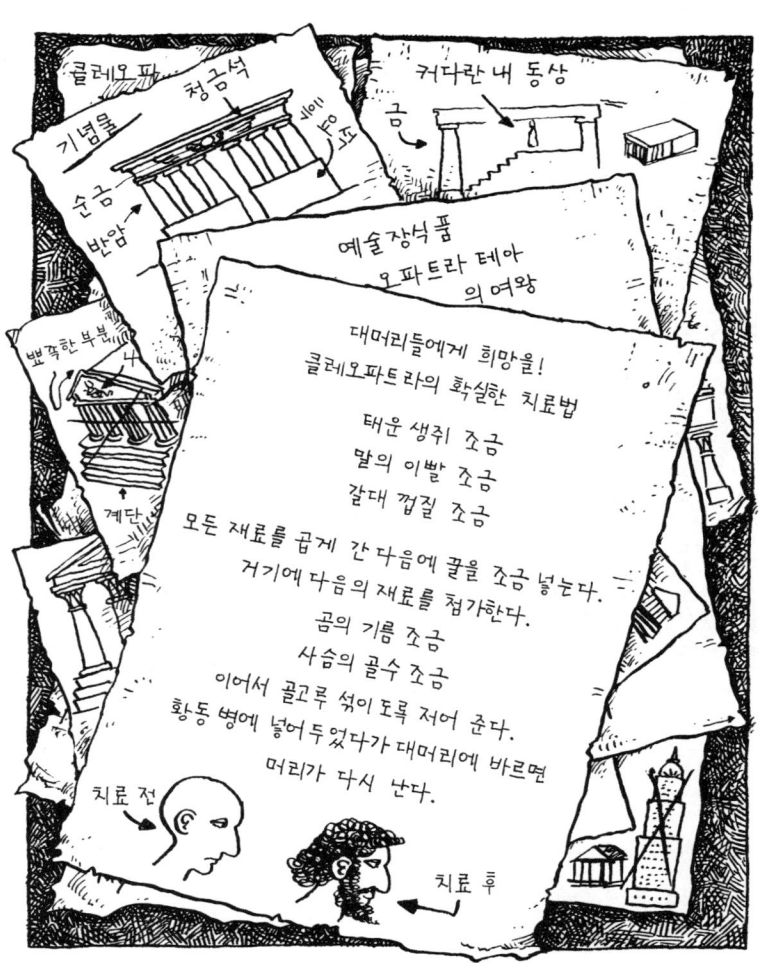

이것은 안전한 치료법이 아니므로 아빠나 다른 사람에게 시험했다가는 불벼락이 떨어진다! 그리스 의사인 갈렌이 클레오파트라의 화장술 책에서 이 치료법을 베꼈다. 클레오파트라의 책은 이미 오래전에 사라져 버렸다. 따라서 클레오파트라가 그 밖에 어떤 내용을 책에 기록했는지 모른다. 고대 이집트 인들에게서 볼 수 있는 머리 염색이나 까맣게 칠하는 눈 화장이나 긴 가발을 만드는 법이었을까? 아니면 물을 많이 마시거나 운동을 하라고 권했을까? 전설에 따르면 클레오파트라는 말 젖으로 목욕을 했다고 한다. 아마도 피부에 좋았나 보다.

이것뿐 아니라 클레오파트라는 고대 이집트 인의 비밀을 연구한 것으로 널리 알려졌다. 연구한 것에는 특별한 초능력도 포함되었다고 한다.

이런 소문은 신격화된 여왕을 더욱 돋보이게 했다. 클레오파트라로서는 안토니우스를 잃은 것보다 이런 점이 훨씬 중요했다. 안토니우스가 떠나든 말든 이집트 여왕의 자리를 지켜야 하니까. 그런데 안토니우스가 옥타비아를 슬슬 지겨워 한다는 소식이 클레오파트라의 귀에 들려왔다.

점성술사가 보낸 편지

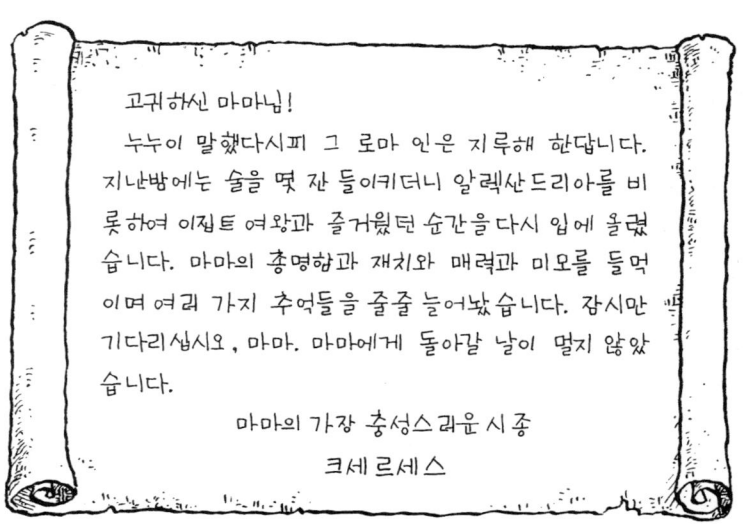

나더러 안티오크에서 만나자고?

점성술사의 말은 딱 들어맞았다. 안토니우스는 선량하지만 답답한 옥타비아를 더는 견딜 수 없었다. 그는 기원전 37년에 결혼 생활을 정리했다. 그러고는 안티오크로 옮기더니, 클레오파트라에게 함께 지내자는 쪽지를 보냈다. 클레오파트라는 안토니우스가 보지 못했던 세 살짜리 쌍둥이를 데려왔다.

안토니우스는 그들을 만나자 마음이 설레었다. 하지만 클레오파트라는 '다 용서했어요.'라고 쉽게 말하는 여자가 아니었다. 클레오파트라가 돌아서길 원한다면 안토니우스는 사랑을 증명해야 했다.

클레오파트라의 소원은 꽃이나 사탕 바구니가 아니었다. 클레오파트라의 마음을 움직이기 위해서는 나라를 도와주는 길밖에 없었다. 클레오파트라는 안토니우스의 힘을 빌려 이집트가 강력해지기를 바랐다. 말하자면 국경이 강화되도록 이집트 외곽의 영토를 넘겨받고 싶었다. 황금과 농작물이 풍부한 땅도 맘에 들었다. 사실 양쪽 모두 탐이 났다.

유대 역사가인 요세푸스가 1세기에 클레오파트라를 두고 다음과 같은 글을 썼다.

> 이 시기에는 시리아에서 혁명과 폭동이 일어 났다. 클레오파트라가 안토니우스의 마음을 어지럽혀서 지방 총독과 대립했기 때문이다. 클레오파트라는 안토니우스를 설득하여 지방의 총독들을 몰아내더니 그들의 영토와 지위를 달라고 졸랐다. 안토니우스는 클레오파트라를 무척 사랑했다. 그는 세상 무엇보다 클레오파트라를 소중히 여겼다. 또한 클레오파트라는 안토니우스에게 유대 왕국을 자기에게 넘겨 주는 동시에 아라비아 왕들을 영토에서 쫓아내라고 간청했다. 안토니우스는 이 여인에게 넋이 나갔으므로 무슨 부탁이든 순순히 들어주었다.

척 보면 알겠지만 요세푸스는 클레오파트라를 좋아하지 않았다! 요세푸스만 그런 것은 아니었다. 안토니우스는 페니키아와 칼키스의 통치자를 몰아내고 그 왕국을 클레오파트라에게 넘겼다. 또한 아랍 인인 나바테아 족이 거주하는 홍해의 해안 지방뿐만 아니라 귀한 야자나무가 자라는 유태인의 유대 왕국도 클레오파트라에게 주었다.

그러다 보니 적이 많았다. 안토니우스의 동료 로마 인들은 치를 떨었다. 안토니우스가 왕을 쫓아내고 나라를 빼앗아서가 아니라 그 나라를 이집트 여왕에게 주었기 때문이다.

하지만 안토니우스는 그 나라들을 공짜로 덥석 내주지는 않았다. 그 대가로 클레오파트라는 여러 척의 군함을 만들어 주었다. 이집트 해군은 안토니우스를 위해 지중해를 지켰다. 뿐만 아니라 클레오파트라는 안토니우스의 군대에 식량과 의복을 제공했다.

그들은 협상을 축하하는 뜻으로 결혼식이나 즉위식에 견줄 만한 거창한 의식을 거행했다. 물론 로마법에 의하면 안토니우스는 결혼한 몸이지만 슬슬 로마의 방식에 질리던 참이었다. 그는 클레오파트라와 같은 꿈을 꾸었다.

난 제2의 알렉산더 대왕이 되겠어! 알렉산더 대왕이 이룩한 세계보다 더 많은 곳을 정복해야지. 물론 얼마 정도는 클레오파트라에게 떼어 줄 작정이야. 클레오파트라는 내 여자니까 결국 몽땅 내 거나 다름없거든.

난 세상 어느 누구보다도 위대한 이집트 여왕이 될 테야. 심지어 대고모 할머니의 할머니뻘인 아르시노에 2세보다 더 훌륭해지겠어. 따라서 성공하려면 안토니우스의 도움을 받아야 해. 그런데 안토니우스는 내 손안에 든 거나 마찬가지거든.

우리로서는 누가 더 큰소리를 치고 살았는지 알 수 없다. 그 당시 그들은 완벽한 짝이었다. 그해에 새 동전들을 발행했는데 안토니우스와 클레오파트라의 얼굴이 앞뒤로 새겨져 있었다.

그들은 또한 연도를 새롭게 선포했다. 그들이 다시 합친 때를 첫해로 삼았다! 이집트 역사상 그 이전의 대형 사건이라고는 어린 카이사리온과 엄마 클레오파트라가 함께 나라를 다스린 것뿐이었다. 그보다는 안토니우스와 클레오파트라가 하나임을 세상에 확실히 알리는 것이 더 중요했던 것이다.

한편 쌍둥이의 이름도 화려하고 새롭게 바뀌었다. 어린 알렉산더에게는 그리스 어로 태양이라는 뜻의 헬리오스라는 이름을 붙였다. 어린 클레오파트라는 달의 이름을 따라서 셀레네라고 불렀다. 로마와 오랫동안 앙숙이던 파르티아의 왕으로서는 눈에 거슬리는 짓이었다. 파르티아 왕 스스로 태양과 달의 형제라고 칭해 왔기 때문이다. 안토니우스는 그에게 조심하라고 경고했다! 로마 인들이 가만 두지 않을 테니까.

안토니우스가 전쟁에 나서다

　로마 제국은 반으로 나눠도 워낙 거대해서 혼자 다스리기 벅찼다. 안토니우스는 예전의 로마 통치자들처럼 일종의 하수인을 조직했다. 즉 각 지역에 왕을 임명하여 주민들을 찍소리 못하게 억누르면서, 자신의 요구대로 척척 세금을 바치도록 했다. 유대의 헤롯 왕*과 클레오파트라 역시 대리 통치자였다. 그들은 보호받는다는 이유로 돈을 바쳤다.

　반면에 파르티아 왕은 로마의 속국이 되기를 거부했다. 로마가 전쟁을 벌이더라도 금이나 병사들을 보내지 않았다. 파르티아 왕은 스스로 나라를 다스렸다.

　안토니우스로서는 그런 태도를 곱게 넘길 수 없었다. 게다가 파르티아를 정복해야만 하는 다른 이유가 있었다. 안토니우스가 승리한다면 알렉산더 대왕보다 더 많은 땅을 다스리게 된

* 헤롯 왕: 예수가 태어날 때 왕위에 있었던 유대의 왕이다.

다. 알렉산더 대왕은 역사상 가장 유명한 장군으로, 클레오파트라의 조상인 프톨레마이오스 1세와 함께 이집트로 왔던 인물이다. 안토니우스는 하루라도 빨리 그 꿈을 이루고 싶었다.

기원전 37년 또는 '안토니우스와 클레오파트라 즉위 1년' 겨울에 안토니우스는 대리 통치자인 왕들에게 편지를 보냈다. 그는 왕들의 지급 능력에 따라 각기 다른 숫자를 빈칸에 적었다.

무척이나 소중하고 특별한 ＿＿＿＿＿＿에게

알렉산드리아에서 인사 보내오.
그대는 로마 제국의 일부를 참으로 훌륭히 다스리고 있소이다. 그대가 로마의 영광을 위해 바친 노고를 치하하는 바이오.
로마 제국은 좀 더 영광스러운 국가가 되려고 하오. 아래의 것을 보내주길 바라오.

무장 병사 ＿＿＿＿＿＿백 명
짐꾼, 요리사, 치료사 ＿＿＿＿＿＿천 명
곡식 ＿＿＿＿＿＿톤
노새 ＿＿＿＿＿＿마리
낙타 ＿＿＿＿＿＿마리
말의 굴레 ＿＿＿＿＿＿개
안장 ＿＿＿＿＿＿개
짐 바구니 ＿＿＿＿＿＿개
가죽 샌들 ＿＿＿＿＿＿켤레(여러 가지 치수로)
붕대 ＿＿＿＿＿＿묶음

그럼 이만.
로마의 3인 집정관 안토니우스

안토니우스는 자기 영토의 모든 로마 군단을 불러 모았다. 그들은 전투 태세를 갖추고 안티오크로 모였다. 하나같이 날쌔고 용감한 정예 부대였다.

겨울이 끝나자 안토니우스는 대규모의 군대를 이끌고 안티오크에서 파르티아로 떠났으며 클레오파트라도 그의 뒤를 잠시 따랐다.

클레오파트라의 비밀 일기

첫날

가죽 튜닉*을 걸치고 로마 투구를 쓴 채 로마 군대를 이끄는 안토니우스는 참으로 늠름해 보인다. 게다가 얼마나 건장한지. 금속 정강이 보호대를 찬 다리도 정말 근사하다. 부하들은 그의 말이라면 죽는 시늉까지 한다. 그는 부하들을 친구처럼 대하며 이름이나 사소한 일까지 기억해 준다. 또한 누구에게나 칭찬을

* 튜닉: 무릎길이의 느슨한 웃옷.

아끼지 않는다. 나로서는 샘이 날 정도다. 부하들은 안토니우스와 여름까지 함께 지낼 텐데 난 그렇지 못하잖아.

넷째 날

이 로마 인들은 먼 거리도 아주 빠르게 행진한다. 하루에 50km를 움직이다니. 내가 탄 가마는 병사 넷이 메고 간다. 그러지 않았다면 따라오지 못했다. 길을 지나는데 백성들이 모여서 구경했다. 내가 함께 가는 모습을 보였으니 참 잘된 일이다. 안토니우스와 나의 동맹 관계를 백성들에게 똑똑히 알려준 셈이니까.

로마 인들은 안토니우스가 너무 일찍 전쟁터로 나선다고 수군거린다. 그가 서두른 이유는 겨울이 닥치기 전에 우리 집으로 돌아오기 위한 거라나 뭐라나. 안토니우스는 헛소리라며 좀 더 서늘한 시기에 행군하는 것 뿐이라고 딱 잘라 말했다.

난 엊그제부터 메스껍다. 아무래도 또 아기를 가졌나 보다.

로마 병사들은 뒤따라오는 클레오파트라가 영 마땅치 않았다. 그들 생각에 여자란 집에 머무르고 전투는 남자들에게 맡겨야 했다. 사실 클레오파트라는 끝까지 따라 갈 생각이 없었다. 뭔가 다른 꿍꿍이가 있었다.

열째 날

이틀 전에 유프라테스 강에 도착하여 강둑에 진을 쳤다. 어제 오늘, 안토니우스는 마을 어부들로부터 배를 많이 징발하여 수천 수만의 병사들을 끊임없이 태워 보냈다. 여러 척의 배가 강을 오르내리며 병사들을 실어 날랐다. 이어서 짐 나르는 가축들이 강을 헤엄쳐 건넜다. 가축들이 나르던 짐은 젖지 않도록 배에 실었다.

마지막 병사들까지 보내고 나자 안토니우스가 떠날 시간이 되었다. 우리는 서로 눈물을 글썽이며 작별 인사를 나누었다.

안토니우스가 파르티아를 정복하고 알렉산드리아로 편히 돌아오도록 라 신과 이시스 여신에게 기도를 올렸다.

이젠 내 일을 처리해야겠다.

꽤 짭짤한 돈벌이

안토니우스가 클레오파트라에게 넘긴 영토 덕분에, 유프라테스 강은 이제 이집트의 국경이 되었다. 클레오파트라는 안토니우스에게 손을 흔든 뒤에 자신의 새로운 왕국으로 발길을 돌렸다. 주민들에게 새로운 여왕의 등장을 알려 주고 싶었다. 아울러 그곳 통치자에게 일러둘 말도 있었다.

유대 역사가인 요세푸스는 클레오파트라가 헤롯 왕을 찾아간 상황을 다음과 같이 말했다.

> 클레오파트라는 자신의 업무를 처리하고 안토니우스를 유프라테스 강까지 배웅한 뒤에 발길을 돌려서 아파메아와 다마스쿠스를 지나 유대로 향했다. 클레오파트라는 헤롯 왕에게서 융숭한 대접을 받았으며 아라비아와 예리코 일부 지역의 세금을 바치겠다는 약속도 얻어 냈다. 클레오파트라가 하사받은 곳이 아라비아와 예리코였기 때문이다. 예리코는 무척 귀한 나뭇진인 발삼과 아주 훌륭한 야자나무로 유명했다.

말하자면 클레오파트라는 헤롯과 협상을 맺었다. 헤롯의 백성들이 발삼 숲을 계속 경작하는 대신 클레오파트라에게 그 대가를 지불해야만 했다. 원래 발삼 숲은 헤롯의 몫이었다. 당연히 클레오파트라는 돈을 긁어모았다. 그리고 유대 인들은 클레오파트라에게 이를 갈았다.

요세푸스는 다음과 같이 덧붙였다. "그 당시에 클레오파트라는 음탕하고 파렴치한 여인답게 헤롯을 연애 사건에 휘말리도록 해서 결국 협상을 끌어냈다."

클레오파트라가 헤롯을 유혹했다고? 그것은 별로 믿기지 않는다. 안토니우스와 세계를 다스리려는 클레오파트라의 원대한 야망과 거리가 멀다. 어쩌면 헤롯이 먼저 유혹하게끔 클레오파트라가 꾀를 냈는지도 모른다. 성공한다면 안토니우스에게 고자질하여 화를 북돋운 뒤에 헤롯의 땅을 더 빼앗을 수도 있으니까. 요세푸스는 클레오파트라가 헤롯 왕을 죽이려고 계략을 꾸몄다고 기록했다.

꽤 짭짤한 돈벌이 하나 더

나바테아의 말쿠스 왕도 헤롯 왕과 마찬가지 신세였다. 안토니우스가 클레오파트라에게 땅을 주는 바람에 손해가 막심했다. 그 땅은 홍해와 맞닿아 있는 데다 지하에는 역청이 많아서 가치가 높았다. 헤롯 왕처럼 말쿠스 왕도 클레오파트라와 조약을 맺었다. 클레오파트라는 홍해와 접한 땅을 말쿠스 왕에게 빌려 주었다. 그는 역청을 얻는 대신 클레오파트라에게 대가를 지불해야 했다. 예컨대 누군가 여러분의 집을 뺏고 나서 여러분에게 월세를 받는 짓이나 다름없었다.

발삼과 역청

발삼은 나무에서 분비되는 끈적끈적한 진액이다. 상처를 치료하거나 통증을 덜어주는 데 사용한다.

클레오파트라는 원래 화장품과 의약품에 관심이 있었으니 발삼에 매력을 느꼈을 것이다. 아니면 발삼을 거래할 생각이었는지도 모른다. 발삼은 상당히 값나가는 물건이었다.

타르 물질인 역청은 쓰임새가 많았다. 올리브유를 대신하여 등잔을 밝히는가 하면 배의 표면에 발라서 방수 효과를 높이거나 가축의 피부병 치료에 사용되었다.

    이런 품목을 거래하다 보니 이집트의 돈궤로 들어오는 돈은 전보다 늘어났다.

    클레오파트라로서는 돈이 계속 필요했다. 안토니우스의 부대에 들어가는 돈이 많았기 때문이다. 안토니우스의 부대는 썩 유능한 편이 아니었다. 〈로마군단 신문〉에서 파르티아 전투를 어떻게 평가했는지 살펴보자.

로마군단 신문

XX/V/DCCXVIII (BC 36년)

3만 명의 로마 군 사망!

마르쿠스 안토니우스의 파르티아 정복은 혼란과 패배로 막을 내렸다. 시리아에서 〈로마군단 신문〉으로 보내온 소식에 따르면 안토니우스의 부대는 안타깝게도 아수라장을 겪었다고 한다.

안토니우스 부대의 병사들은 안토니우스의 잘못을 다음과 같이 지적했다. 우선 너무 일찍 전쟁에 나선 것이 화근이었다. 안토니우스는 겨울이 닥치기 전에 여자 친구인 클레오파트라에게 돌아가야겠다는 생각뿐이었다. 게다가 그는 아르메니아 산맥의 가파르고 좁은 길을 통해 파르티아로 진격했다. 결국 보급대가 뒤처지다 보니 군대의 절반은 후방에서 군용 물자를 지켜야 했다.

"나야 별 생각 없었지만 부관들은 불가능한 작전이라고 말렸다네."라고 전투를 열두 번이나 치른 군인이 입을 열었다. "이제야 하는 말인데 장군은 판단력을 잃었던 게야."

아르메니아의 공격

아르메니아 왕이 뒤쪽으로 슬금슬금 다가와서 로마 군대의 후방을 공격했다. 한편 파르티아 왕은 로마 군대의 선두를 공격했다. "완전히 무너졌지. 두말할 필요 없이."라고 앞서 말한 경력 많은 정예 참전군이 덧붙였다.

안토니우스는 속수무책으로 퇴각했으니 로마 독수리 군단으로서는 수치스러운 일이었다. 물자 보급대는 전멸했다. 로마 병사들은 굶주린 채 신발도 없이 누더기 옷을 입고 바윗길을 절뚝거리며 내려왔다. 날씨가 추워지자 그들은 상처와 가슴의 통증과 복통이 심해져서 파리 떼 마냥 죽어갔다.

"이 쓰레기 같은 군사 작전으로 적어도 3만 명이 죽었다."고 또 다른 군인이 밝혔다.

절망에 빠진 안토니우스

이제서야 안토니우스가 자신의 바보짓을 뼈저리게 깨달았다. 이름 밝히기를 거부한 안토니우스의 측근에 따르면 안토니우스는 자살 직전까지 갔다고 한다.

〈로마군단 신문〉은 장군에게 감정은 없다. 하지만 장군 스스로 목숨을 끊어 준다면 로마에게 최고의 선물이 되리라! 장군은 로마 제국에 어마어마한 수치를 안겨 주었다. 우리를 부끄럽지 않게 하려면 명예로운 길을 선택하라!

독수리 상식

성공하거나 죽거나

로마 인들은 전쟁에서 이기지 못하면 죽어야 한다고 생각했다. 패배는 수치였다. 적에게 굴복하느니 자기 칼에 고꾸라지는 편이 나았다. 무엇보다 포로로 잡히지 말아야 했다. 자신과 로마가 적의 손에 치욕을 당하기 때문이었다.

안토니우스는 자살하지 않았다. 부하들은 최악의 상황에서도 그를 따랐다. 그는 부하들을 안전하게 이끌어야 한다고 생각했을 것이다. 그는 시리아로 향했고 남은 부대원들을 모아서 그곳에 진을 쳤다. 그리고 간절한 심정으로 클레오파트라에게 편지를 보냈다. 병사들에게 나눠 줄 옷가지와 돈을 갖다 달라는 내용이었다.

클레오파트라는 한걸음에 달려가지 않았다. 이유는 알 수 없다. 그 당시 클레오파트라는 아기를 낳았다. 그리고 프톨레마이오스 필라델푸스라는 가장 성공한 조상의 이름을 따서 붙였다. 그 아기 때문이었나? 아니면 패배자가 싫었나? 어쨌든 클레오파트라가 돈을 내놓기 아까워했다는 점만은 확실하다.

안토니우스도 그 사실을 알았다. 그래서 클레오파트라에게 버림받을까 봐 무척 염려했다. 플루타르코스는 다음과 같이 말했다.

> 그는 안절부절 못하며 술만 들이켰다. 잠자코 앉아 있기 힘들었는지 초조하게 서성이며 클레오파트라를 기다렸다. 마침내 클레오파트라가 옷과 돈을 배에 잔뜩 싣고 나타났다. 하지만 몇몇 기록을 보면 클레오파트라는 옷만 가져왔기에 안토니우스가 자기 재산을 클레오파트라의 선물인 양 부하들에게 나눠 줬다고 한다.

한편 로마에서는 무슨 일이 벌어졌나?

안토니우스가 파르티아에서 패배하고 병사들을 잃은 반면에 옥타비아누스는 꽤 성공을 거두었다. 로마 회당의 공식 문서에 "오랜 기간 불안한 상황을 겪은 끝에 옥타비아누스가 육지와 바다에 평화를 가져왔다."라는 기록이 남아 있다.

옥타비아누스는 굉장히 유능한 통치자였다. 그가 본보기로 삼은 그리스 신은 이성과 질서를 주관하는 아폴로였다. 그래서 자신의 동전에도 아폴로의 얼굴을 새겼다. 반면에 안토니우스의 로마 동전에는 포도주와 연회의 신이자 자유분방한 디오니소스가 있었다.

옥타비아누스는 안토니우스와 클레오파트라만큼 야심이 컸다. 그는 로마 제국의 동쪽과 서쪽을 통째로 다스리고 싶었다. 게다가 옥타비아누스는 자기 여동생에 대한 안토니우스의 태도가 못마땅했다. 안토니우스는 옥타비아누스의 임신한 여동생을 버려둔 채 클레오파트라에게 가 버렸다. 옥타비아누스의 여동생은 자신과 안토니우스의 자식 둘을 비롯하여 안토니우스와 풀비아의 자식 둘까지 모두 넷을 혼자서 키워야 했다.

안토니우스가 그렇게 몹쓸 짓을 저지르는데도 옥타비아는 충실한 아내였다. 안토니우스와 옥타비아누스 사이에 전투가 벌어졌다면 옥타비아는 남편을 지지했을 것이다. 옥타비아누스는 행여 여동생과 맞붙을까 봐, 안토니우스와 벌이려던 전쟁을 포기했다. 뿐만 아니라 여동생이 안토니우스의 파르티아 2차 원정을 도와주려고 군대를 조직하자, 옥타비아누스는 병사와 전쟁 물자까지 지원했다.

안토니우스는 아내인 옥타비아가 도우러 온다는 소식에 가슴이 철렁 내려앉았다. 물론 아내에게 미안했지만 그렇다고 다시 합칠 수는 없었다. 더구나 옥타비아와 클레오파트라가 마주친다면 얼마나 어색하겠는가?

옥타비아에게

도와주러 온다니 고맙소만 우리가 함께 지내기에는 시간이나 장소가 마땅치 않구려. 그대와 오빠 사이가 벌어지는 것은 원치 않소. 로마로 돌아가서 아이들을 잘 돌봐 주시오.

사랑을 담아서 안토니우스가

추신: 정 도와주려거든 배와 식량을 보내주시오. 무척 도움이 될 것이오.

　그때는 옥타비아누스가 안토니우스를 공격할 만한 처지가 아니었다. 한편 안토니우스는 마지막 순간에 파르티아와 또다시 치열한 전투를 벌일 엄두가 나지 않았다. 그래서 아르메니아 왕을 쳐부수기로 결정했다. 아르메니아 왕은 조무래기나 다름없는데도, 예전에 안토니우스가 패배할 때 한 몫 거들었다. 안토니우스는 그자에게 한 수 가르쳐 줄 작정이었다. 마침내 아르메니아를 정복한 안토니우스는 아르메니아 왕과 두 왕자를 포로로 끌고 클레오파트라에게 돌아갔다.

가장 화려하고 멋진 옷을 입을 거야

클레오파트라는 안토니우스가 어마어마한 승리라도 거둔 것처럼 안토니우스의 알렉산드리아 귀환을 축하했다. 그들은 알렉산드리아에서 로마식 개선 행렬을 치르기로 결정했다. 클레오파트라는 여느 때처럼 휘황찬란한 눈요깃거리를 선보이기로 했다.

여왕과 안토니우스 사이의 큰 아들인, 아홉 살짜리 알렉산더는 메디아 왕의 기다란 예복을 본뜬 차림이었다. 머리에 쓴 길쭉한 모자는 작은 왕관과 공작 깃털로 장식했다. 두 살배기 프톨레마이오스 필라델푸스는 마케도니아의 왕자처럼 기다란 부츠와 짧은 자주색 망토와 챙 넓은 모자를 차려입었으며, 모자 테두리에 왕관을 둘렀다.

카이사리온의 복장은 기록에 없으나 이집트 예복으로 짐작된다. 가엾게도 클레오파트라 셀레네는 참석을 못했던 모양이다. 셀레네의 엄마인 클레오파트라의 생각에 집안에서 성공을 거둔 여성은 하나면 족했기 때문일까?

여왕은 이번에도 이시스 여신으로 갖춰 입었다. 즉 치렁치렁한 무지갯빛 드레스에 까만 망토를 걸쳤고 달과 독사로 꾸민 머리띠를 썼으며 보석을 주렁주렁 달았다. 그야말로 화려하고도 강한 여왕의 면모를 아낌없이 보여 주는 차림이었다.

클레오파트라가 광장 연단의 황금 왕좌에 앉자 아이들이 빙 둘러섰다. 곁에는 더 커다란 황금 왕좌가 안토니우스를 기다리고 있었다.

안토니우스는 부대를 이끌고 알렉산드리아 시내를 행진했다. 그는 로마식으로 차려입었다. 원래 이집트 예복으로 차려

입을 작정이었으나 부하들이 펄쩍 뛰었다. 부하들은 이집트 차림을 '그곳 사람'이 되었다는 뜻으로 받아들였다.

안토니우스 뒤로 아르메니아 왕과 두 아들이 순금 사슬에 묶인 채 걸었다. 안토니우스는 그들을 클레오파트라에게 선물할 셈이었다. 그런데 클레오파트라와 아들들에게 줄 선물은 그것이 전부가 아니었다. 안토니우스가 클레오파트라 곁에 앉자 성대한 의식이 시작되었다. 의식이 끝날 무렵에 그들 모두는 식이 시작될 때보다 훨씬 높은 지위로 올라섰다.

클레오파트라는 이집트와 사이프러스, 리비아, 시리아 일부의 여왕이 되었으며 그녀의 아들인 카이사리온은 이집트의 공동 통치자가 되었다. 안토니우스는 클레오파트라에게 왕 중의 왕이라는 지위를 안겨 주었다. 아홉 살인 알렉산더는 아르메니아와 메디아, 파르티아의 왕이 되었다. 두 살짜리 프톨레마이오스는 페니키아와 시리아의 일부, 실리시아의 왕위를 차지했다.

대관식이 끝나자 알렉산더와 프톨레마이오스는 부모에게 입을 맞췄으며 호위병들과 함께 행진을 했다.

정말 멋지고 근사한 행렬이었다. 클레오파트라와 그녀의 가족, 그러니까 두 아들과 안토니우스 입장에서는……. 자, 그럼 이들 가족의 모습을 한번 볼까?

나의 다음 전략은…….

위대한 사건을 기념하는 동전이 또 나왔다.

세상의 꼭대기에서

클레오파트라와 자녀들은 전투에서 한 번 싸우지도 않고, 거대한 영토를 얻어냈다. 클레오파트라는 로마 제국의 동쪽 책임자인 최강남의 사랑을 받으며 그를 무조건 자기 편으로 만들었다. 또한 율리우스 카이사르의 아들인 카이사리온을 통해 로마 통치권도 주장할 수 있었다.

이 석판에 글을 남긴 자가 옳았다. 옥타비아누스와 측근들은 클레오파트라를 침략할 기회만 노렸다. 그리고 로마 인들은 클레오파트라에 대해 아주 추잡한 소문을 퍼뜨렸다. 클레오파트라에게 애인이 수두룩하다는 내용이었다. 또한 클레오파트라에게 남성다움을 빼앗긴 안토니우스는 여자나 다름없다고 수군거렸다.

로마 인들은 클레오파트라를 입방아에 올릴 만한 것이라면 무엇이든 반겼다. 옥타비아누스는 심지어 베스타 여사제에게 가서 안토니우스의 유서를 달라고 요구했다.

독수리 상식

베스타 여사제? 그게 누군데?
베스타는 화로를 다스리는 로마의 여신이다. 불을 피우는 화로야말로 가정에서 가장 중요한 것이었다. 베스타와 성스러운 화로를 위해 마련한 신전은 로마 제국의 중심이자 심장부를 상징했다. 신전의 불은 절대 꺼뜨려서는 안 되었다. 따라서 여섯 명의 처녀가 불을 지켰다.
여섯 살부터 열 살에 이르는 소녀가 베스타 여사제로 뽑혔다. 베스타 여사제는 오직 그 일에만 매달려야 했다. 30년이 지나야만 그 자리에서 벗어날 수 있었다.
로마 인들은 유서나 중요한 문서를 베스타 여사제에게 맡겼다. 베스타 여사제는 문서를 소중하게 간직해야 하며 당사자가 죽기 전까지 누구에게도 보여 주거나 읽어 줘서는 안 된다.

옥타비아누스가 베스타 여사제로부터 유서를 가져온 행동은 치사한 짓이었다. 옥타비아누스는 개의치 않았다. 심지어 유서의 일부를 원로원 의원들에게 읽어 주었다. 동료 로마 인들이 충격을 받을 만한 내용이 담겼기 때문이었다.

원로원의 의원들은 소름이 끼칠 정도였다. 이집트 인들은 시신을 미라로 만들어서 무덤에 보관했다. 반면에 로마 인들은 남김없이 깨끗하게 화장하는 쪽을 좋아했다. 따라서 그 유서는 안토니우스가 로마에 등을 돌리고 '그곳 사람'이 되었다는 증거였다.

무엇보다도 옥타비아누스와 동료들은 로마 인들에게 동쪽의 안토니우스와 클레오파트라가 로마 제국을 차지하고 군림할 계획이라고 발표했다. 따라서 로마가 거대한 이집트 제국의 자그마한 속국이 될까 봐 걱정이라고 덧붙였다

로마 인들은 그런 이야기에 기분이 상했다. 그래서 그들은 안토니우스의 측근들을 공격했다. 다시 한 번 싸움이 벌어졌고 안토니우스의 지지자들은 죽자 사자 달아나야 했다.

안토니우스와 클레오파트라가 로마에 맞서다

옥타비아누스와 안토니우스는 전쟁의 시기만 저울질하고 있었다. 옥타비아누스는 서두르지 않았다. 옥타비아누스가 보기에 안토니우스의 부하들은 로마 침략을 꺼리는 입장이었다. 따라서 안토니우스는 선뜻 공격할 처지가 아니었다. 로마 군인들은 이집트 여왕의 명령에 따라 자신의 나라를 침략할 수는 없었다.

이집트 군은 전투 실력은 변변치 않았으나 타고난 뱃사람들이었다. 클레오파트라는 거대한 함대를 조직하여 안토니우스 지원에 나서기로 했다.

클레오파트라의 일 처리는 능수능란했다. 레바논의 숲에서 삼나무를 베어 내어 선박을 만들도록 지시했다. 또한 그곳의 부두 건설이 영 신통치 않자 이집트 인을 감독으로 내세워 일을 추진했다. 클레오파트라가 만들어 낸 500척의 거대한 선박은 성곽과 대형 망치를 합쳐놓은 것과 같았다.

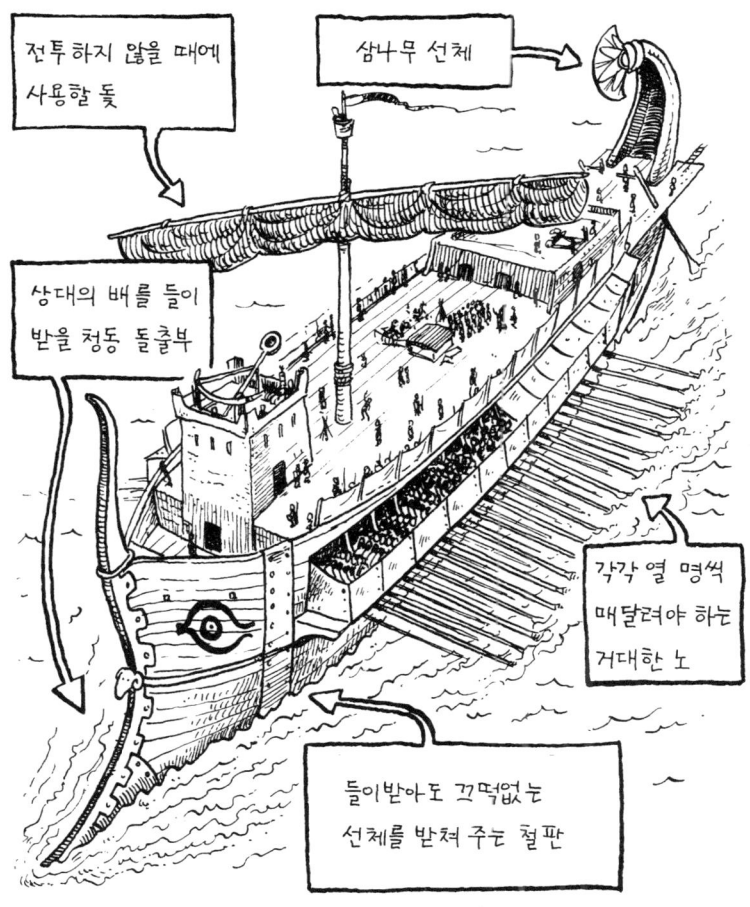

선박을 만들었다고 일이 끝난 것은 아니었다. 클레오파트라는 전쟁에 투입되는 장정 수천 명의 옷과 식량과 교통편을 마련했다. 더구나 혼자 힘으로 다 처리했다. 안토니우스가 비탄에 잠긴 채 술독에 빠져 살았기 때문이었다. 그래도 모든 이들이 급료를 받았고 배불리 먹었다. 전쟁터에서는 무척 드문 일이었다.

이처럼 풍족했지만 안토니우스의 부하들은 왠지 불안했다. 그들은 육지에서 싸우고 싶었다. 그들 생각에 안토니우스가 해전을 고집하는 것은 클레오파트라의 부추김 탓이었다. 안토니우스의 오랜 동지 몇몇은 달아나기로 결심했다. 그중에서 아헤노바르부스는 안토니우스와 생사고락을 함께 한 로마의 진정한 군인이었다. 아헤노바르부스가 그 당시에 글을 남겼다면 다음과 같은 내용이었으리라.

> 이젠 어쩔 수 없다. 대장은 옛날의 대장이 아니다. 나 역시 둘째가라면 서러울 만큼 술을 좋아한다. 하지만 이건 지나치다. 안토니우스는 아침이건 낮이건 저녁이건 술에 취해해롱거린다. 안토니우스는 토가*를 입은 여자나 다름없다.
>
> 난 옥타비아누스가 맘에 들진 않지만 적어도 그는 로마 인이다. 그런데 그 여자는 이집트 인이다. 아니, 그리스 인이든 뭐든 상관없다. 어쨌든 로마 인은 아니다. 난 그 여자 때문에 우리 로마 인과 싸울 수 없다.
>
> 보나마나 파르티아 전투와 같은 꼴이 날 것이다. 배가 가라앉으랴치면 쥐도 갑판에 머물지 않는 법이다.
>
> 안토니우스를 떠나려니 가슴이 찢어진다. 하지만 나로서는 다

---

* 토가: 로마 공화정 때에 남자들이 입던 겉옷.

> 른 방법이 없다. 패배하기 전에 옥타비아누스에게 넘어가는 편이 낫다. 그는 나에게 일자리를 주겠지. 무엇보다 우리 가족을 생각하지 않을 수 없다. 남자라면 어떻게든 먹여 살려야 하는 것이니까.
> 　정말로 이렇게 끝내고 싶지는 않았다.

　아헤노바르부스는 자기 물건을 몽땅 내버려 둔 채 밤을 틈타서 달아났다.
　안토니우스는 그 소식을 듣자 몹시 상심했다. 아헤노바르부스가 안토니우스를 사랑하듯 안토니우스도 아헤노바르부스를 아꼈다. 충성스런 부하들조차 그를 떠났으니 이젠 막다른 골목에 들어선 셈이었다. 그렇지만 안토니우스는 너그러운 사람이었다. 클레오파트라가 알면 펄펄 뛸 것이 분명하였으므로, 비밀리에 모든 소지품이며 하인들을 아헤노바르부스에게 돌려보냈다.
　그 다음 탈출자는 안토니우스와 절친한 사이가 아니었다. 안토니우스는 누구도 그런 마음을 품지 못하도록 도망자를 붙잡아서 처형했다.
　그래도 부하들은 떠났다. 남아있는 자들은 마음이 편치 않았다. 부하들은 안토니우스에게 여왕을 남겨 두고 전쟁에 나서자며 입이 닳도록 간청했다. 로마 병사들은 여자 밑에서 싸우기 싫었을 뿐만 아니라 클레오파트라는 어쩐지 불운하게 느껴졌다. 또한 거대한 배를 조종할 만한 선원들의 숫자도 충분하지 않았다.

꼼꼼하게 준비하기

이탈리아에서는 옥타비아누스가 전쟁을 준비하고 있었다. 그에게는 금이 넉넉하지 않았다. 그래서 세금을 걷어 군자금을 마련했다. 그러다보니 시간이 걸리고 인기도 떨어졌다. 그나마 안토니우스가 이탈리아를 침범하지 못하는 바람에 옥타비아누스는 한숨 돌릴 여유가 있었다.

옥타비아누스 측의 해군 사령관인 아그리파는 클레오파트라가 해군에 총력을 기울일 것이라고 짐작했다. 아그리파는 대형 선박과 경쟁할 마음이 없었다. 옥타비아누스에게는 그럴 만한 자금도 없었다. 그 대신 아그리파는 날쌘 소형 선박을 여러 척 만들라고 명령했다. 해적선과 같은 종류였다. 클레오파트라의 거대한 함선과 달리 옥타비아누스 측의 배는 적은 인원으로도 움직였고 방향 전환이 빨랐다.

여신을 그대 편에!

드디어 옥타비아누스가 준비를 마쳤다. 그는 로마의 전쟁 여신인 벨로나의 신전으로 갔다. 벨로나는 머리카락이 뱀이었다. 피투성이 갑옷 차림에 핏자국이 선명한 채찍을 머리 위로 쳐들고 있었다. 무시무시한 벨로나가 혹시라도 거리로 나올까 봐 벨로나의 신전은 거의 대부분 꽁꽁 잠겨 있었다.

옥타비아누스는 벨로나가 나오기를 바랐다. 나와서 안토니우스를 죽여 주기를 원했다. 옥타비아누스는 뚜벅뚜벅 걸어가 신전 문을 벌컥 열어젖혔다. 그리고 여신에게 멧돼지를 제물로 바쳤다. 옥타비아누스는 신전 밖으로 나와서 가슴이 터져라 소리 질렀다.

그는 날쌘 소형 함대를 이끌고 이탈리아에서 출발했다.

전쟁!

가엾은 로마 병사들. 그들은 휴가를 떠나는 길이 아니었다. 그들에게 여름이란 전투와 같은 것이었다. 물론 좋은 곳에서 근사한 해변을 구경할지도 모르지만 싸우다가 다치거나 죽게 뻔했다.

옥타비아누스와 안토니우스는 기원전 31년 여름에 치열하게 싸웠다. 수많은 사람들이 목숨을 잃었고 여러 척의 선박이 가라앉았다. 그중에는 클레오파트라의 대형 함선 270척도 포함되었다. 여름이 막바지로 치달았을 때에 옥타비아누스는 이집트 해군을 그리스 악티움의 작은 만으로 몰아넣었다.

클레오파트라의 비밀 일기

우린 포위를 뚫고 나가야 한다. 식량도 부족하고 병사들은 아프다. 그들은 패배했다고 생각한다. 날마다 탈영병들이 늘어난다.
안토니우스는 무조건 싸우려 든다. 그에게는 싸움이 최선이다. 로마 인이라서 다른 생각을 못한다. 오로지 명예, 명예, 명예뿐이

> 다. 하지만 난 배에 싣고 온 보물이 옥타비아누스의 손에 넘어가
> 지 않도록 지켜야 한다. 그 보물을 안전하게 이집트로 가져간다
> 면 우리로서는 성공이나 다름없다. 옥타비아누스가 보물을 차지
> 할 경우에 우리는 그야말로 끝장이다.
>
> 안토니우스에게 내 작전을 귀띔해 주었다. 전투를 하려는 듯 앞
> 으로 나설 생각이다. 기회가 닿는다면 옥타비아누스를 무찌를 수
> 도 있다. 안토니우스는 상당히 유능한 장군이므로 가능하다. 하
> 지만 난 만일을 대비하여 돛을 실으려고 한다. 안토니우스에게도
> 준비하라고 귀띔해 두었다.

여느 때처럼 클레오파트라는 이리저리 따져 보았다. 그런데 로마 인들은 무조건 이겨야 했다. 그들에게 '달아났다가 나중에 싸운다'는 생각은 아예 머릿속에 없었다.

안토니우스의 로마 자문관들은 로마의 전투 방식만 염두에 두었다. 그들은 클레오파트라의 작전을 전혀 눈치채지 못했다. 클레오파트라가 굳이 작은 배를 타고 전투에 나선다고 하자 자문관들은 놀라워 했다. 게다가 안토니우스까지 배에 돛을 실었다는 소식이 들리자 불안함을 감추지 못했다. 해전이 벌어질 때는 배에 돛을 싣지 않았다. 배가 서로 들이받거나 양측의 병사들이 멱살을 잡으며 싸우므로 돛이 필요 없었다. 안토니우스가 돛을 챙겼다면 슬그머니 달아날 마음이 있다는 뜻이었다.

안토니우스는 결국 그렇게 했다. 안토니우스 입장에서 악티움 전투는 엉망진창이었다. 옥타비아누스의 배는 날랬으며 병사들의 조종 실력도 뛰어났다. 로마 군은 바다에 떠 있는 거대한 성곽을 향해 돌진했으며 공격하고 몰아냈다.

플루타르코스는 그 뒤의 일을 다음과 같이 설명했다.

'클레오파트라의 함대 60척이 갑자기 돛을 올린 채 전투지에서 벗어났다. 대형 선박들 뒤편에 머물던 클레오파트라의 함대는 갈팡질팡하던 끝에 돛이 바람을 받아 팽팽해지자 펠로폰네소스로 달아났다.'

거대한 함선에 타고 있던 안토니우스는 깜짝 놀랐으리라. 클

레오파트라가 다음 작전을 일러 주지 않았을 테니까. 안토니우스의 사령선은 거대해서 클레오파트라를 따라가기가 쉽지 않았다. 안토니우스는 작은 배로 옮겨 탄 후에 그녀를 쫓아갔다.

안토니우스가 사랑을 따라 떠나갔으니 부하들은 대장 없이 싸워야 했다. 그들은 클레오파트라가 만든 거대하고 육중한 선박을 조종하느라 애를 먹었다. 바람이 불어 오자 로마 선박들이 밀고 들어왔다. 오후 4시쯤, 모든 것이 마무리되었다. 안토니우스의 부하들은 항복했다.

그날 밤, 바다에서는 거대한 선박들이 불타올랐다. 청동으로 만든 뱃머리는 죄다 뜯겨 나갔다. 옥타비아누스의 승리를 기념하는 전리품이 될 운명이었다.

안토니우스는 클레오파트라를 따라잡았지만 행복한 만남은 아니었다.

클레오파트라의 비밀 일기

악티움 전투 이후 둘째 날

안토니우스는 아직도 삐쳐 있다. 나에게 한마디도 안 한다. 이틀 동안 머리를 감싼 채 뱃머리에 앉아있다.

명예 때문에 그럴 테지. 로마 인들은 도무지 달아난다는 생각을 못한다. 어리석기는. 어차피 질 거면 뭐 하러 싸운단 말인가?

악티움 전투 이후 셋째 날

안토니우스 때문에 무척 걱정이다. 배 밖으로 몸을 던질지도 모른다. 그는 아무것도 입에 대지 않고 내 눈을 피한다. 부하를 버렸다는 생각에 괴로운가 보다. 하지만 우리 모두 달아났다면 옥타비아누스가 쫓아왔겠지.

악티움 전투 이후 여섯째 날

안토니우스와 어느 정도 화해는 했지만 그렇게 침울한 모습은 처음이다. 그는 다 끝장났다면서 내 탓으로 돌렸다.

난 안토니우스에게 언제라도 함대를 만들 수 있다고 누누이 설명했다. 그는 함대 따위는 대수롭지 않게 여겼다. 그저 로마 인들이 자기 편에서 싸워 주지 않을 거라며 한탄했다. 또한 이집트인들의 도움만으로는 이집트를 다스릴 자신이 없다고 걱정했다. 내 생각에도 그 말이 옳은 듯하다.

곧이어 그들의 함대가 모조리 함락되었다는 소식이 날아들었다. 그러자 안토니우스가 정신을 차렸다. 그는 클레오파트라의 보물선 한 척을 병사들에게 내주며 옥타비아누스에게 항복하라고 권했다. 부하들은 눈물을 글썽이며 거부했지만 달리 선택할 길이 없었다.

그렇다. 클레오파트라는 악티움 전투에서 대승을 거둔 듯 뱃머리를 화환으로 치장하고 알렉산드리아로 돌아왔다. 클레오파트라의 권력은 백성의 지지에서 나왔다. 더구나 클레오파트라는 영토나 보물을 잃지 않았다. 무엇보다 반란의 조짐을 막아야 했다.

안토니우스는 클레오파트라와 머물지 않았다. 그는 견딜 수가 없었다. 그래서 이집트 국경에 있는 키레네 지역의 해안가로 갔다. 그리고 사막에서 한동안 방황했다. 이윽고 안토니우스가 알렉산드리아로 돌아오자 클레오파트라는 새로운 계획을 내놓았다.

이번에는 또 뭐지?

역청을 클레오파트라에게 몽땅 뺏겼던 나바테아의 말쿠스 왕은 친구에게서 편지를 한 통 받았다.

> 말쿠스에게
> 자네가 좋아할 만한 소식이 있네. 클레오파트라 여왕이 홍해 해안가로 자신의 남은 함대를 모으는 중이라는군. 아마 안토니우스와 함께 탈출하여 인도로 갈 작정인가 보네. 그러려면 모아 둔 선박들이 무사해야겠지.
>
> 그대의 충성스러운 소식통인 상인 P

말쿠스는 이 편지를 받고 묘안을 떠올렸다.

> **클레오파트라의 비밀 일기**
>
> 저주받을 말쿠스! 그의 아랍 인들이 내 선박들을 몽땅 불태웠다. 결국 다 타고 재만 남았다. 이제 인도 계획은 물거품이 되었다. 안토니우스는 완전히 구제불능이다. 등대 옆에 작은 집을 짓고는 온종일 청승맞게 앉아 있다. 흑쩍!

한편 로마의 옥타비아누스 역시 어려운 지경에 빠져 있었다.

로마군단 신문

XIV/I/DCCXXIV (BC 30년)

급료 없이는 전쟁도 없다!

옥타비아누스의 이집트 정복 계획이 지난밤에 암초에 부딪쳤다. 군대에서 폭동이 일어났기 때문이다.

옥타비아누스에 대한 불만은 하늘을 찔렀다. 로마에 충성을 바친 병사들은 한 푼도 못 받았건만 안토니우스의 부하들은 금화와 금식기와 보석을 한 보따리 짊어지고 집으로 돌아왔다.

옥타비아누스는 지난밤에 폭동의 주모자들과 만나서 자신의 처지를 설명했다. "공화국에서는 간단한 일이 아니라네. 세금으로는 충분한 돈을 거둬들이기가 어렵거든. 이집트의 보물선만 붙잡았더라도 이 지경에 빠지지 않았을 걸세. 그러니 한 번 더 전쟁을 일으켜서 보물을 뺏어 오자고. 그때는 자네들에게 돈을 지불하겠네."

군인들은 그 제안을 받아들이지 않았다. 그들은 전쟁을 치르기 전에 돈을 받고 싶었다. 그런데 옥타비아누스에게는 돈이 없었다.

클레오파트라의 비밀 일기

안토니우스가 꼭 틀어박혀 있더니 슬슬 지겨웠나 보다. 궁정으로 돌아왔기에 기분을 북돋워 주고 옥타비아누스에 대한 기억도 지워 줄 겸 잔치를 계속 열었다.

사실 안토니우스의 염려와 달리 옥타비아누스는 여기로 쫓아오지 못한다. 그럴 만한 여유가 없을 테니까. 그래서 안토니우스에게 즐겁게 지내자고 했다. 우선 카이사리온의 성년 축하 잔치를 성대하게 열었다. 물론 풀비아와 안토니우스의 장남인 안틸루스의 성년도 함께 축하했다. 안틸루스 손에 작지만 근사한 선물을 들려 옥타비아누스를 찾아가도록 해야겠다. 옥타비아누스의 목적은 결국 돈이다. 로마 역시 돈을 원한다. 그자도 돈을 받고 나면 우리와 싸울 이유가 없겠지?

안틸루스는 클레오파트라의 계략대로 로마로 갔다. 그는 상당히 많은 돈을 가져갔는데, 옥타비아누스는 돈만 챙겼지 전쟁에서 물러나겠다고 약속하지 않았다. 돌아온 안틸루스는 상황이 쉽지 않다고 전했다. 클레오파트라의 작전은 물거품이 되었다. 클레오파트라는 옥타비아누스에게 편지를 썼다.

고귀하신 3인 집정관 옥타비아누스여
이집트와 사이프러스와 시리아의 여왕인 클레오파트라 테아가 장군의 만수무강을 비오며 인사드리옵니다.
이제는 여왕 노릇이 신물 납니다. 게다가 장군께서 날 그리도 싫어하니 내가 왕위에서 물러나면 어떨까요? 두 가지만 보장해 준다면 기꺼이 물러나겠나이다.

> 1. 내 자식들이 내 영토를 다스리도록 허락하소서.
> 2. 안토니우스와 내가 보통 시민으로 조용히 살도록 허락하소서.
>
> 이렇게만 된다면 우리 두 사람은 엄청난 근심을 덜겠지요. 가급적 빠른 답변 듣기를 고대합니다.
>
> ΚΛΕΟΠΑΤΡΑ
> 클레오파트라

옥타비아누스는 이 편지를 무시했다. 도저히 안토니우스를 살려둘 수 없었다.

그러나 클레오파트라와 전혀 협상하지 않겠다는 뜻은 아니었다. 그는 클레오파트라가 호감을 느끼도록 잘생기고 매력적인 남자를 사신으로 보냈다.

문을 닫아걸고

클레오파트라는 로마 사신과 한참 이야기를 나눴다. 둘 사이에 오간 대화를 정확히 알 수는 없지만 사신은 클레오파트라에게 어떤 조건을 제시했을 것이다. 안토니우스를 제거하면 옥타비아누스가 호의를 베풀겠다는 내용이 아니었을까?

사신의 '제거하면'이라는 말의 뜻은 안토니우스를 처형하거나 추방하라는 것이었다.

그렇다면 왜 그리 시간이 오래 걸렸을까? 클레오파트라는 안토니우스를 사랑하지 않았나? '못해, 못해, 못해'라고 거절하는데 1분이면 족할 텐데.

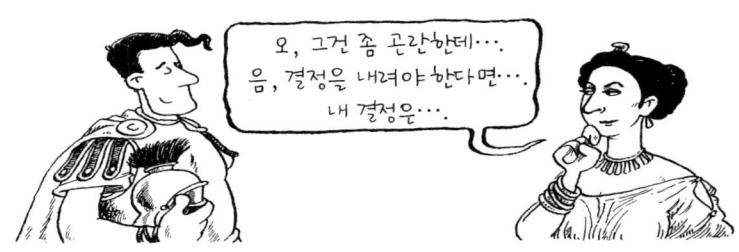

클레오파트라는 안토니우스를 진심으로 사랑했다. 물론 안토니우스가 걸핏하면 삐치는 데다 술이 지나쳐서 클레오파트라를 힘겹게 한 적도 있었다. 그래도 클레오파트라는 너그럽고 용감하며 자기와 같은 꿈을 꾸는 안토니우스를 무척 좋아했다.

그런데 클레오파트라 여왕이 안토니우스를 선택한 이유는 최고로 강력한 로마 남자라 이집트에 도움이 되었기 때문이었다. 이제 안토니우스는 최강남이 아니었다. 이집트를 도울 힘이 없었다. 옥타비아누스가 최강남이 되면서 이집트 역시 옥타비아누스의 손에 들어갔다. 그런데 클레오파트라는 옥타비아누스에게 믿음이 가질 않았다.

클레오파트라로서는 머무적거리며 시간을 질질 끌 수밖에 없었다.

클레오파트라와 사신이 오랫동안 시간을 보내자 안토니우스는 의심의 눈길을 보냈다. 안토니우스는 둘이서 시시덕거리며 놀아난다고 생각했다. 그는 사신을 채찍으로 후려친 뒤에 옥타비아누스에게 돌려보냈다.

클레오파트라의 비밀 일기

오늘은 아슬아슬했다. 미남 사신이 전달한 옥타비아누스의 제안에 하마터면 넘어갈 뻔했다. 옥타비아누스는 안토니우스를 넘겨줘야 용서하겠다고 제안했다.

어림도 없지. 옥타비아누스는 보물을 원한다. 대가를 지불하지 않는 한 내 보물을 구경조차 못할 것이다. 나는 보물을 영묘*에 몽땅 갖다 두라고 명령했다. 바닥에 보물을 쌓아 놓고 주변에는 땔감을 잔뜩 모아 둘 작정이다.

옥타비아누스가 침입한다면 모든 귀중품이 불꽃 속에서 사라지리라. 그 사실을 옥타비아누스에게 똑똑히 알려줄 테다.

그해 7월에 옥타비아누스가 이집트를 침입했다. 안토니우스는 무척 들떠 있었다. 드디어 싸울 기회를 얻은 데다 운만 좋으면 전투에서 죽을 수도 있기 때문이었다.

* 영묘: 왕의 유해를 모셔 둔 무덤.

안토니우스는 첫 전투의 승리를 기대하며 한껏 부풀어 올랐다. 그래서 무척이나 자신만만했다. 그는 옥타비아누스에게 편지를 보냈다.

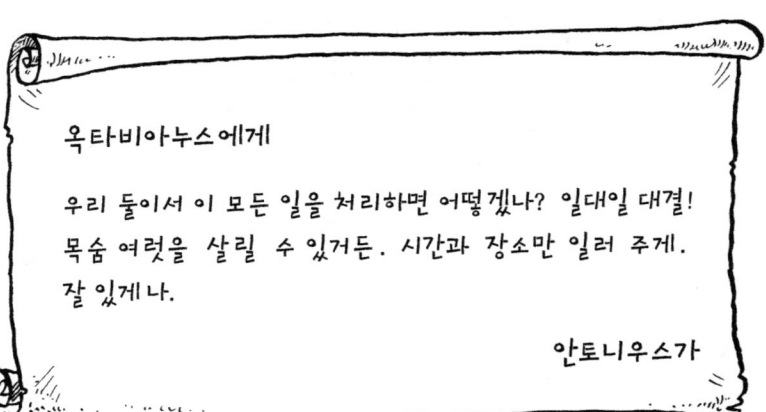

옥타비아누스에게

우리 둘이서 이 모든 일을 처리하면 어떻겠나? 일대일 대결! 목숨 여럿을 살릴 수 있거든. 시간과 장소만 일러 주게. 잘 있게나.

안토니우스가

옥타비아누스는 껄껄 웃어넘겼으리라. 안토니우스와 단 둘이서 왜 싸워야 한단 말인가? 어차피 안토니우스는 잃을 것도 없는 판에.

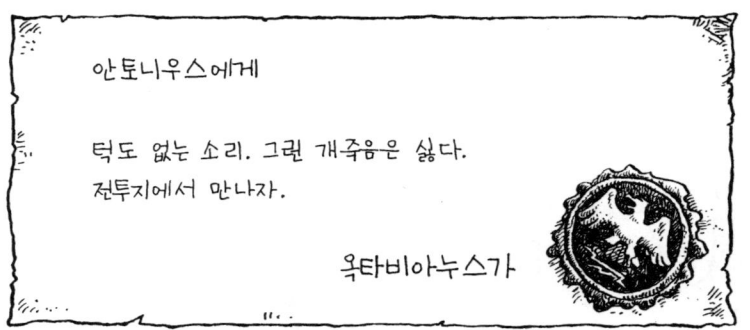

안토니우스에게

턱도 없는 소리. 그런 개죽음은 싫다.
전투지에서 만나자.

옥타비아누스가

침략 전날 밤에

옥타비아누스가 알렉산드리아 침입을 하루 앞둔 밤에, 다들 이상한 소리를 들었다고 수군댔다. 잔치의 손님들이 흥겨워 하며 옥타비아누스 막사로 우르르 몰려가는 소리였다. 거기에는 숨은 뜻이 담겨 있었다. 사람들은 디오니소스가 그 도시를 버렸다며 입방아를 찧었다. 안토니우스의 숭배 대상인 디오니소스가 떠났다면 안토니우스는 죽을 운명이었다.

이튿날, 안토니우스는 병사들과 선원들을 각자의 위치로 보내어 도시를 지키도록 했다. 한 시간 뒤, 그곳에는 아무도 없었다. 부하들은 누가 패배할지 감을 잡았다.

그들은 옥타비아누스 쪽으로 돌아섰는데 그 숫자가 워낙 많아서 안토니우스는 클레오파트라의 입김이 작용했다고 믿었다. 즉 클레오파트라와 옥타비아누스가 음모를 꾸몄다고 의심했다. 안토니우스는 화가 나서 펄펄 뛰었다. 그는 도시가 떠나가라 고함을 지르며 모두 여왕의 탓으로 돌렸다.

그래서 클레오파트라의 시종은 안토니우스에게 달려가 그대로 전했다. 플루타르코스는 안토니우스가 그 소식을 어떻게 받아들였는지 다음과 같이 말했다.

> 그 소식을 눈곱만큼도 의심하지 않은 채 그는 중얼거렸다.
> "운명이 내 삶의 이유와 즐거움을 앗아가는구나." 이어서 덧붙였다.
> "오, 클레오파트라여, 내가 곧 그대를 따라갈지니 그대의 죽음이
> 날 고통에 빠뜨리지는 못하오. 하지만 날 수치스럽게 하는구려.
> 난 여인보다 용감하거나 고결하지 않으니 말이오."

안토니우스는 자신의 충성스러운 시종 에로스에게 돌아섰다. 에로스는 주인인 안토니우스가 원한다면 죽음을 도와주겠다고 늘 약속했다. 그러나 막상 그 순간이 다가오자 에로스는 차마 그럴 수 없었다. 에로스는 칼을 꺼내 들었지만 안토니우스를 죽인 것이 아니었다. 칼끝을 자기 쪽으로 겨누고 찔렀다.

결국 안토니우스는 스스로 목숨을 끊어야 했다.

> 오, 저런. 아무래도 나 혼자서
> 칼을 찔러야겠군.

콸콸
콸콸

그는 어설펐다. 칼로 자신을 찌르기는 했지만 죽음에 이르지 못했다. 심하게 상처를 입고 고통 속에 피를 흘리며 친구들에게 죽여 달라고 간청했으나 다들 달아나 버렸다. 누군가 클레오파트라에게 이런 상황을 전했던 모양이다. 얼마 지나지 않아

클레오파트라의 비서관인 디오메데스가 명령을 받고 나타나 안토니우스를 영묘로 데려갔다.

안토니우스가 영묘에 도착할 무렵에 옥타비아누스의 부대 역시 도시로 들어섰기 때문에 클레오파트라는 차마 정문을 열지 못했다. 하는 수 없이 안토니우스를 높이 올려서 영묘의 위쪽 창문으로 들여보내야 했다. 이 일을 거들던 클레오파트라 역시 안토니우스를 부축하느라 숨을 몰아쉬며 끙끙거렸다.

안토니우스를 영묘로 들인 뒤에 침대에 눕히자 클레오파트라가 자기 옷으로 안토니우스를 덮어 주었다. 비탄에 잠긴 클레오파트라는 제정신이 아니었다. 머리를 쥐어뜯고 가슴을 내리쳤다. 안토니우스는 클레오파트라를 위로하는 한편 안전하게 살아남을 방법과 옥타비아누스의 부하 중에서 믿을 만한 자를 일러 주었다.

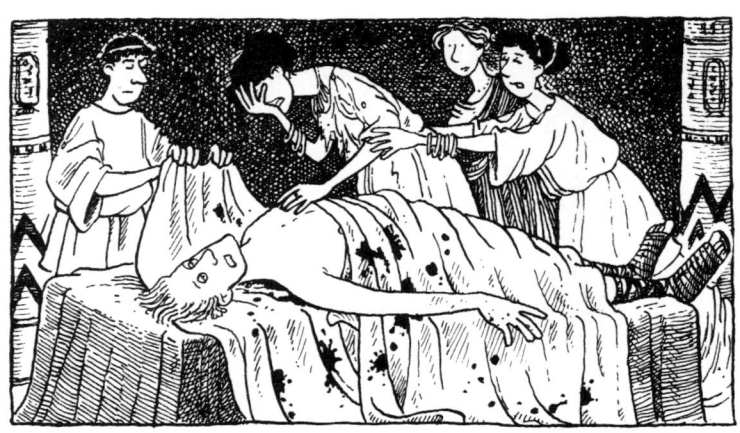

옥타비아누스가 그곳에 도착했을 때에 안토니우스는 죽어 있었다. 요즘 시대로 따져서 기원전 30년 8월 1일이었다.

그럼 보물은 어떻게 되는 거지?

안토니우스는 클레오파트라에게 프로쿨레이우스는 믿을 만하다고 일러 주었지만 클레오파트라는 그가 미심쩍었다. 그래서 영묘의 쇠창살을 사이에 두고 대화를 나누었다. 클레오파트라는 왕위에서 물러나겠다고 약속했다. 단 자기 자녀들의 왕위 계승을 조건으로 내세웠다. 프로쿨레이우스는 좋은 제안이라며 받아들이는 척했다. 옥타비아누스에게 전하겠다고 돌아서더니, 얼마 지나지 않아 병사들을 우르르 몰고 나타났다. 좀 전에 창문이 열려있는 것을 보았기 때문이다. 클레오파트라가 안토니우스를 영묘로 들이느라 열어 둔 창문이었다. 병사들은 창문으로 기어들어가서 영묘를 점령했다.

클레오파트라는 칼로 자신을 찌르려 했으나 병사들이 억지로 막은 뒤에 데려갔다.

클레오파트라의 비밀 일기

난 이제 빈털터리다. 빈털터리. 안토니우스는 죽었고 옥타비아누스가 보물을 몽땅 가졌다. 이집트는 끝장났다. 차라리 죽고 싶다.

며칠 뒤에 클레오파트라는 옥타비아누스 앞으로 나왔다. 그는 이제 모든 것을 차지했다. 굳이 클레오파트라에게 선심을 쓸 필요가 없었으며 클레오파트라도 그 사실을 알았다. 그녀의 외교 정책, 즉 최고로 강력한 로마 남자와 사랑한다는 정책은 장애물에 부딪혔다. 차가운 머리와 냉철한 가슴을 지닌 옥타비아누스는 눈도 꿈쩍하지 않았다.

그래도 클레오파트라는 옥타비아누스가 원하는 것을 가지고 있었다. 그는 클레오파트라가 로마의 개선식에서 산 채로 걸어가기를 바랐다. 클레오파트라의 여동생인 아르시노에가 여러 해 전에 율리우스 카이사르의 개선식에서 보여주었듯이 말이다. 콧대 높은 이집트 여왕이 쇠사슬을 철커덕거리며 로마 거리를 걸어가는 모습은 과연 볼 만하리라.

클레오파트라는 옥타비아누스의 요구를 따르겠다며 영묘의 마지막 방문을 허락해 달라고 간청했다. 고이 잠든 안토니우스에게 최후의 작별 인사를 건네겠다는 것이 이유였다. 영묘로 떠나기 전, 클레오파트라는 시녀에게 앞서 지시했던 일을 처리하도록 했다.

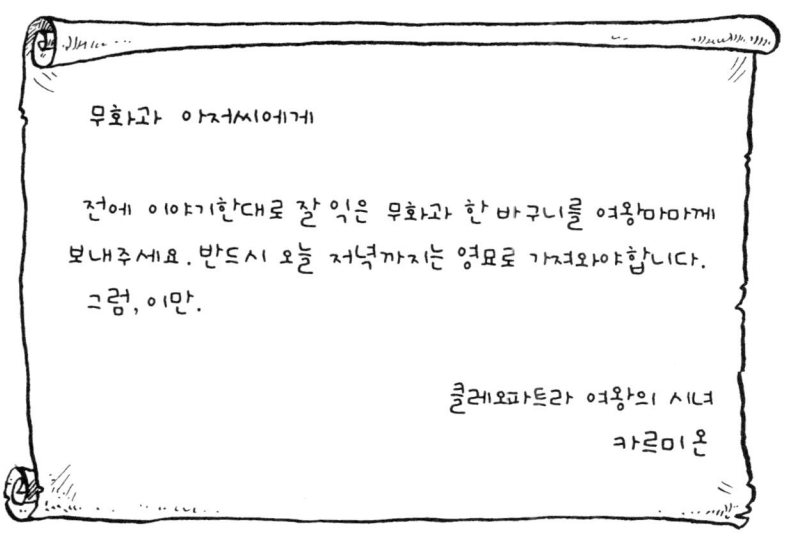

무화과 아저씨에게

전에 이야기한대로 잘 익은 무화과 한 바구니를 여왕마마께 보내주세요. 반드시 오늘 저녁까지는 영묘로 가져와야합니다.
그럼, 이만.

클레오파트라 여왕의 시녀
카르미온

클레오파트라의 의사는 그 뒤의 사건을 기록했고 플루타르코스가 그 내용을 자신의 기록에 옮겼다.

'이윽고 클레오파트라는 안토니우스를 애도하며 그의 유골함에 화관을 씌우고 입을 맞췄다. 이어서 욕조에 물을 채우라고 지시하더니 목욕을 마친 뒤에 잠시 쉬었다가 가장 화려한 식사를 했다. 클레오파트라가 식탁에 자리하고 있는데 시종이 바구니를 가져왔다. 경비병들이 시종을 막아서며 바구니 안을 보여 달라고 했다. 시종이 나뭇잎들을 치우자 경비병들조차 침을 흘릴 만큼 탐스러운 무화과들이 보였다. 경비병들은 시종이 과일을 여왕에게 가져가도록 허락했다. 식사를 모두 마친 클레오파트라는 석판을 꺼내어 옥타비아누스에게 글을 쓴 뒤에 밀봉하여 보냈다. 이어서 두 명의 충성스러운 시녀만 남긴 채 모두 내보내고 문을 닫았다.'

클레오파트라의 편지에는 안토니우스 곁에 묻어달라는 내용

이 씌어 있었다. 옥타비아누스는 그 글을 읽자마자 의미를 알아차렸다. 그는 부하들을 영묘에 보내어 클레오파트라의 행동을 막도록 했다. 그러나 이미 늦어 버렸다.

'영묘에 있는 경비병들은 아무 낌새도 알아채지 못했다. 그러나 사람들이 몰려와서 문을 벌컥 열어보니 클레오파트라는 왕실 예복을 차려입고 황금 침상에서 죽어 있었다. 시녀 이라스는 여왕의 발치에 쓰러져 죽어 있었으며 다른 시녀인 카르미온은 몸을 제대로 가누지 못해 비틀거리면서도 클레오파트라의 머리에 놓인 머리띠를 바로잡으려고 안간힘을 썼다. 경비병이 화를 내며 소리쳤다. "카르미온, 이게 최선인가?" 그러자 시녀가 대답했다. "물론이지. 수많은 통치자의 후손인 여왕마마에게 어울리는 모습이야." 시녀는 침상 옆으로 쓰러져 숨을 거뒀다.'

그들은 어떤 방법으로 자살했을까?

아무도 정확히 모른다. 여러 사람들이 클레오파트라와 시녀들이 독사에 물려 죽었다고 생각한다. 그러나 무화과 바구니 안에 뱀을 숨겼다고 짐작만 할 뿐 뱀이 발견된 것은 아니었다.

널리 알려진 대로, 클레오파트라는 고통 없이 빠르게 죽는 방법을 뚜르르 꿰고 있었다. 그 방법을 열심히 연구했기 때문이다. 클레오파트라는 살아생전 매사에 빈틈이 없었듯이 죽음조차도 빠르고 유능하게 처리했다.

독사에 물려 죽는 것은 클레오파트라 여신 여왕의 모습에 딱 어울렸다. 클레오파트라의 왕관에 조각된 성스러운 뱀들을 기억하는가? 뱀은 살아 숨 쉬는 여왕을 보호하더니 결국 죽음의 길까지 인도하여 옥타비아누스의 무자비한 손에서 벗어나도록 했다.

클레오파트라는 굴복한 여왕으로 살아남기를 거부했다. 옷차림이 끝내주던 여왕답게 죽음을 선택했으니, 이집트의 백성이라면 고개를 끄덕일 만한 태도였다. 여왕은 끝까지 이시스 여신의 복장을 갖춰 입고 죽음을 맞이했다. 클레오파트라는 백성들에게 그런 모습으로 기억되기를 바랐다.

코브라 상식

자비로운 살해
알렉산드리아에서 범죄자들은 때때로 코브라에 의한 독살을 허락받았다. 그러면 빠르고 고통 없는 죽음을 맞이할 수 있었다.

　그 당시에는 정복 지역의 왕이나 여왕의 동상을 남김없이 파괴해 버렸다. 클레오파트라가 죽고 나자 옥타비아누스도 병사들을 이집트 곳곳으로 보냈다. 안토니우스의 동상들은 금세 자취를 감췄다. 하지만 옥타비아누스는 클레오파트라의 동상에 손끝 하나 대지 말라고 명령했다. 옥타비아누스가 선량해서 그런 결정을 내린 것이 아니었다. 역시 돈 때문이었다. 동상들을 그대로 두는 조건으로 클레오파트라의 지지자가 어마어마한 돈을 옥타비아누스에게 건네주었다.

　옥타비아누스는 클레오파트라의 마지막 소원을 들어주었다. 클레오파트라는 안토니우스 곁에 묻혔다. 셰익스피어는 희곡에서 '지상의 어떤 무덤도 이 유명한 한 쌍을 갈라 놓지 못하리.'라고 표현했다.

클레오파트라가 죽은 뒤에

과연 어떻게 되었을까?

이집트
이집트는 왕이 없는 상태로 로마의 속국이자 '식량 공급지'가 되었다. 즉 로마에 식량을 열심히 갖다 바치는 신세로 전락했다. 수백 년 뒤, 로마 제국이 기억 속으로 사라질 즈음에는 아랍 족의 침입을 받았다. 오늘날 이집트는 이슬람 국가이다.

알렉산드리아
여전히 항구 도시이지만 이집트의 수도는 아니다. 귀하고 소중한 책들을 소장했던 유명한 도서관은 4세기에 기독교인들이 불에 태워 버렸다. 그들은 편견이 아주 심해서 비기독교 사상가나 철학자의 책을 몹시 싫어했다. 유명한 파로스 등대는 클레오파트라 이후에도 천 년 동안 불을 밝혔으나 11세기에 엄청

난 지진으로 그만 무너졌다.

나일 강

수십 년 전까지 해마다 범람했다. 그런데 1960년대에 아스완 댐을 건설하여 강의 범람을 막았다. 그 결과 강물에 휩쓸려 오던 침전물까지 끊기는 바람에 기름진 땅은 사라졌다. 악어들은 아스완 댐 뒤쪽에 머물고 있다. 여전히 댐의 남쪽에서 사람들을 죽이지만 나일 강의 대부분 지역에서 사라졌다.

클레오파트라의 자녀

카이사리온은 옥타비아누스의 손에 처형당했다. 쌍둥이와 막내 프톨레마이오스는 옥타비아누스의 개선식에 포로로 끌려갔다. 그리고 안토니우스의 버림받은 아내인 옥타비아에게 보내졌다. 클레오파트라 셀레네는 마우레타니아의 주바 왕과 결혼했다. 남자애들은 어떻게 되었는지 아무 기록이 없다.

안토니우스의 자녀

안틸루스와 이울루스는 모두 처형당했다. 안틸루스는 아버지를 도왔다는 죄목이었고, 이울루스는 옥타비아누스의 딸과 사귄다는 이유 때문이었다. 반면에 안토니우스와 옥타비아의 딸들은 살아남아 로마 황제의 할머니와 어머니가 되었다.

그럼 마지막으로 옥타비아누스는 어떻게 되었지?

안토니우스를 철저하게 쳐부순 뒤에 옥타비아누스는 로마의 황제가 되었다. 사실 그의 별칭인 카이사르는 황제를 의미한다. 그는 스스로 아우구스투스 카이사르, 즉 '아주 위대하고 강력한 황제'라고 칭했다. 결국 인간을 뛰어넘는 존재가 되었다.

아우구스투스 카이사르는 오랫동안 살면서 강력한 황제로 군림했다. 그런데도 클레오파트라를 결코 잊지 않았다. 아우구스투스는 승리를 기념하고자 클레오파트라를 무찔렀던 달에 자기 이름인 어거스트(August, 8월)를 붙였다.

> **마지막 코브라 상식**
>
> **클레오파트라의 돈**
>
> 옥타비아누스 아우구스투스는 이집트의 보물 덕분에 이탈리아를 마음 놓고 다스렸다. 이집트의 보물로 빚을 청산했고 병사들의 급료를 지급했으며, 모든 로마 시민에게 승전 기념 보너스를 나눠 주었다. 로마의 이자율은 12%에서 4%로 떨어졌다. 클레오파트라가 모아 두었던 자금이 없었더라면 옥타비아누스는 왕위에 오르지 못했을 것이다.

　이제 여러분은 똑똑한 클레오파트라의 생애에 대해 속속들이 알게 되었다. 이집트가 파산 직전일 때에 왕위에 오른 소녀는 여왕 자리에만 만족하지 않고 이집트를 다시 부유하게 만들었다.

　클레오파트라는 그 당시에 세계적으로 유명했으며 지금까지도 이름을 떨치고 있다. 수천 년 동안 남녀 할 것 없이 모두 클레오파트라에게 매력을 느꼈다. 그녀에 대해 수천 종류의 글이 쓰였으며, 수백 점의 초상화가 그려졌고, 연극과 영화와 노래까지 넘쳐났다. 또한 변장 파티에서도 클레오파트라는 빠지지 않았다. 오죽하면 영국의 부유한 귀족 중 한 명은 클레오파트라 모습으로 찍은 사진을 여권에 붙였을까!

　결국 그 많은 세월이 흘렀어도 클레오파트라의 이름은 화려함, 재산, 권력, 매력을 의미한다. 따라서 클레오파트라가 우리를 끊임없이 매혹하는 것도 당연하다. 클레오파트라는 두말할 필요 없이 무지무지 유명하다!

앗, 시리즈 (전 70권)

앗, 이렇게 재미있는 수학이!

어렵고 지루했던 수학이 순식간에 쉽고 즐거워집니다.
수학의 기초 원리에서부터 응용까지, 다양한 정보와
교양을 골라서 일목요연하게 정리해 줍니다.

01 수학이 모두 모여 수군수군
02 수학이 수리수리 마술이
03 수학이 수군수군
04 수학이 또 수군수군
05 수학이 자꾸 수군수군 1. 셈
06 수학이 자꾸 수군수군 2. 분수
07 수학이 자꾸 수군수군 3. 확률
08 수학이 자꾸 수군수군 4. 측정
09 대수와 방정맞은 방정식
10 도형이 도리도리
11 섬뜩섬뜩 삼각법
12 이상야릇 수의 세계
13 수학 공식이 꼬물꼬물
14 수학이 꿈틀꿈틀

앗, 시리즈 (전 70권)

앗, 이렇게 재미있는 과학이!

어렵고 지루했던 과학이 순식간에 쉽고 즐거워집니다.
복잡한 현대 과학의 기초 원리에서부터 응용까지
다루고 있으며, 다양한 정보와 교양을 골라서
일목요연하게 정리해 줍니다.

- 15 물리가 물렁물렁
- 16 화학이 화끈화끈
- 17 우주가 우왕좌왕
- 18 구석구석 인체 탐험
- 19 식물이 시끌시끌
- 20 벌레가 벌렁벌렁
- 21 동물이 뒹굴뒹굴
- 22 화산이 왈칵왈칵
- 23 소리가 슥삭슥삭
- 24 진화가 진짜진짜
- 25 꼬르륵 뱃속여행
- 26 두뇌가 뒤죽박죽
- 27 번들번들 빛나리
- 28 전기가 찌릿찌릿
- 29 과학자는 괴로워?
- 30 공룡이 용용 죽겠지
- 31 질병이 지끈지끈
- 32 지진이 우르쾅쾅
- 33 오싹오싹 무서운 독
- 34 에너지가 불끈불끈
- 35 태양계가 티격태격
- 36 튼튼탄탄 내 몸 관리
- 37 똑딱똑딱 시간 여행
- 38 미생물이 미끌미끌
- 39 의학이 으악으악
- 40 노발대발 야생동물
- 41 뜨끈뜨끈 지구 온난화
- 42 생각번뜩 아인슈타인
- 43 과학 천재 아이작 뉴턴
- 44 소름 돋는 과학 퀴즈

이거 상당히 놀랄 만한 이론인데!

앗, 시리즈 (전 70권)

앗, 이렇게 재미있는 사회·역사가!

어렵고 지루했던 사회·역사가 순식간에 쉽고 즐거워집니다. 사회·역사와 담을 쌓았던 친구들에게 생생한 학습 의욕을 불어넣어 줄, 꼭 필요한 정보와 교양만을 골라서 일목요연하게 정리해 줍니다.

- 45 바다가 바글바글
- 46 강물이 꾸물꾸물
- 47 폭풍이 푸하푸하
- 48 사막이 바싹바싹
- 49 높은 산이 아찔아찔
- 50 호수가 넘실넘실
- 51 오들오들 남극북극
- 52 우글우글 열대우림
- 53 올록볼록 올림픽
- 54 와글와글 월드컵
- 55 파고 파헤치는 고고학
- 56 이왕이면 이집트
- 57 그럴싸한 그리스
- 58 모든 길은 로마로
- 59 아슬아슬 아스텍
- 60 잉카가 이크이크
- 61 들썩들썩 석기 시대
- 62 어두컴컴 중세 시대
- 63 쿵쿵쾅쾅 제1차 세계 대전
- 64 쾅쾅탕탕 제2차 세계 대전
- 65 야심만만 알렉산더
- 66 위풍당당 엘리자베스 1세
- 67 위엄가득 빅토리아 여왕
- 68 비밀의 왕 투탕카멘
- 69 최강 여왕 클레오파트라
- 70 만능 천재 레오나르도 다 빈치

전 세계 2천만 독자가 함께 읽는
<앗, 시리즈>

전 세계 2천만 독자가 함께 읽는
<앗, 시리즈>

전 세계 2천만 독자가 함께 읽는
<앗, 시리즈>